불필요한 것은
아무것도
하지 않습니다

저절로 정리가 되는 〈하지 않는 수납법〉

〈물건과 가족〉 미즈타니 타에코 지음 | 김수정 옮김

WILLSTYLE

시작하며

 어린 시절은 물론, 디자인을 공부하던 학창 시절을 거쳐 무인양품에서 물건을 만들던 때조차 제 인생의 대부분은 정리정돈을 못한다는 고민과 함께 했습니다.
 그 중압감은 첫 출산 후에 절정에 달했는데, '엄마라는 사람이 이렇게 집정리를 못하다니!'라는 자기혐오에 빠져 매일 매일을 보냈습니다. 그러던 중 용기를 짜내어 정리정돈 서비스를 받았고, 생활이 극적으로 편해졌습니다. 그리고 오랜 세월 저를 괴롭혔던 답답함에서 해방되었어요.
 그 일을 계기로 어떤 집에서 살고 싶은가에 대해 차분히 생각해보았습니다.
 저는 정리정돈이 자연스럽게 되는 집, 그래서 저와 가족들 모두가 부담을 느끼지 않고 살 수 있는 집을 만들고 싶었습니다. 그런 집을 목표로 정리수납을 배웠고, 무인양품에서 제품을 만들 때 활용해온 디자인 지식과 경험을 융합시켜보았습니다. 그러자 지금까지는 알지 못했던 보람과 사명감을 느끼게 되었고, 정리정돈 전문가로 활동을 시작하게 되었지요.
 그런데 정리정돈 의뢰를 받고 현장에 발을 옮기게 되니 이번에는 이런 생각이 들었습니다. '너저분한 물건을 감춰두고 겉에서 볼 때 깔끔해 보이게 수납하면 제대로 정돈이 된 것일까?'

    일반적으로 그렇게 알려져 있고 저 또한 그렇다고 믿어 왔던 이 방법은 오히려 정리정돈을 더 힘들게 하는 '불필요한 것'은 아닐까. 중요한 정보와 기능을 지우게 되어 결과적으로 주부 혼자서 정리를 지속해야 하는 상황을 만드는 게 아닐까…라고요.

    그래서 저는 완전히 반대로 실험해보았습니다. 숨겨 놓았던 물건을 누구나 직감적으로 알 수 있도록 보이게 놓았더니 가족 모두가 자연스레 정리정돈을 하는 집이 되었습니다. 게다가 "이건 이렇게 하면 어때?"라는 가족들의 자발적인 아이디어가 나오기 시작했어요. 그래서 저희 집은 현재진행형으로 점점 살기 좋게 진화해가고 있습니다.

    이 책에는 저희 집에서 실천하고 있는 생활의 힌트를 듬뿍 채워 넣었습니다.

    책을 읽고 계신 여러분도 부디 불필요한 것은 아무것도 하지 않고, 진심으로 원하는 것을 실현하실 수 있기를 바랍니다.

〈물건과 가족〉 미즈타니 타에코

Prologue

불필요한 것은 아무것도 하지 않습니다.

간장은 구입한 상태 그대로 씁니다.
다른 병에 옮겨 담지 않아요.
라벨은 손글씨로 쓰고 라벨기를 사용하지 않습니다.
정리박스는 내용물이 살짝 비쳐 보이는 것을 씁니다.

보기에 좀 그렇다고요?
동기부여가 안 된다고요?

하지만 말이에요, 드디어 정돈할 수 있게 되었답니다.
저도, 남편도, 그리고 세 명의 아이들도요.

이제 "정리 좀 해!"라고 화를 내지 않아도 되고
"그거 어디 있지?"라는 질문도 사라졌습니다.

무엇보다도, 시간과 마음의 여유가 생겨서
매일매일 평온하게 생활할 수 있습니다.

수납이란, 말하자면 숨겨진 조력자.
생활의 배경이면 된다고 생각합니다.

무인양품에 근무하던 시절,
물건의 본질을 파악하라는 철저한 교육을 받았습니다.
겉모양에 마음을 빼앗기지 말고
본래의 모습을 보라는 것이었지요.

왜 필요한가? 이것이 정말 필요한가?

그렇게 우리집 수납을 하나하나 재검토해 보았습니다.
그 결과, 중요한 것은 단 하나라는 것을 깨달았어요.

**누구나, 어느 때건
틀리려야 틀릴 수 없는 수납을 한다.**

정리정돈에 서툰 저도
물건을 모으는 것을 좋아하는 남편도
8살, 6살, 4살인 아이들도.

잠에서 막 깨어나 멍할 때도,
일 때문에 맥이 빠져 피곤할 때도,
감기에 걸려 어질어질할 때도
틀리려야 틀릴 수 없는 수납.

그것은 "불필요한 것"을 그만두는
것만으로 내 것이 됩니다.

{ CONTENTS }

시작하며 2
프롤로그 4
우리집 소개 10

PART 1
불필요한 것을 하지 않는 마음가짐
11

하지 않는 마음가짐 1 　혼자서 결정하지 않는다　12
하지 않는 마음가짐 2 　수납용품 의존증에서 졸업한다　14
하지 않는 마음가짐 3 　정돈된 듯한 분위기는 필요 없다　16
하지 않는 마음가짐 4 　정돈부터 시작하지 않는다　18
하지 않는 마음가짐 5 　물건의 역할을 안다　20

PART 2
불필요한 것을 하지 않는 수납
23

하지 않는 수납 1 　숨기지 않는다　24
하지 않는 수납 2 　채우지 않는다　26
하지 않는 수납 3 　덮지 않는다　28
하지 않는 수납 4 　분류하지 않는다　30
하지 않는 수납 5 　옮겨 담지 않는다　32
하지 않는 수납 6 　정돈하지 않는다　34
하지 않는 수납 7 　나란히 놓지 않는다　36

PART 3
불필요한 수납이 없는 방
39

【 1 Dining 】 40
장식장 42
사무용품 코너 44
아이들용 문구 코너 45
어른용 문구 코너 46
서류 선반 48

【 2 Living 】 52

【 3 Kids room 】 56
장난감·그림책 존 58
의류 존 60
학용품 존 62

【 4 Kitchen 】 66
싱크대 아래 68
가스레인지 아래 70
조리대 아래 71
상부장 72
하부장 74
냉장고 78

【 5 Washroom 】 80
욕실 수납장 81
세면대 아래 86
세탁실 88

【 6 Wife's closet 】 90

【 7 Husband's closet 】 94

【 8 Hall 】 96
화기용품·비상용품 97
외출용품 98

【 9 Entrance 】 100
현관 수납장 102

| PART 4 |

**효율적인
수납용품**

⋮

(105)

메이크박스 1/2 · 하프 · 가로형 107
세로 방향으로 활용 가능한 칸막이 케이스 L · 블랙 108
정리박스 3 · 4 109
면봉 케이스 110
스탠드 파일박스 와이드 · A4용 111
EVA 케이스 지퍼 부착 B6 사이즈 111
수납 실패를 방지하는 소품들 112

My SHUNO history

**나와
가족의
이야기**

⋮

(113)

부모님과 함께 살던 시절 ~ 싱글라이프 시대 114
결혼 ~ 신혼시절 115
첫째 아이 출산 후 116
둘째, 셋째 아이 출산 후 ~ 현재 117

마치며 18

Column

인터넷에서 찾을 것은 물건이 아니라 방법 22
남에게 주지 않는다 / 남에게 받지 않는다 38
수납과 집안일 분담 104

Idea

청소와 수납 51
집에 가져온 프린트물의 흐름 64
아이의 그림과 공작품 관리법 65
휴지통과 쓰레기봉투 77
수건 사용법 85
옷을 소유하는 법 93

INTRODUCTION
[우리집 소개]

우리집은 부부와 아이 셋인 5인 가족. 아이들이 아직 어려서 함께 지내는 시간이 많기 때문에 거실, 다이닝, 주방이 집안의 중심입니다.

MY FAMILY

아빠

자기 방식을 중요시하며 꼼꼼하고 빈틈없는 성격. 루틴을 중요하게 생각하는 타입. 취미는 스포츠 관전과 절약.

엄마

과거엔 정리정돈을 잘 못 하는 귀차니스트였지만 탐구심만은 왕성. 휴일엔 예능 프로를 보며 여유를 즐긴다.

첫째

8세. 그림 그리기와 만들기를 무척 좋아한다. 어린이 정리 대장으로 동생들을 잘 이끌어준다.

둘째

6세. 전차, 공룡, 곤충을 각별히 사랑한다. 좋아하는 물건은 적극적으로 정돈한다.

막내

4세. 전차를 좋아하며 형제 중에서 가장 먹는 것을 사랑한다. 기분이 좋을 때는 잘 정리하지만 기복이 심하다.

MY HOUSE

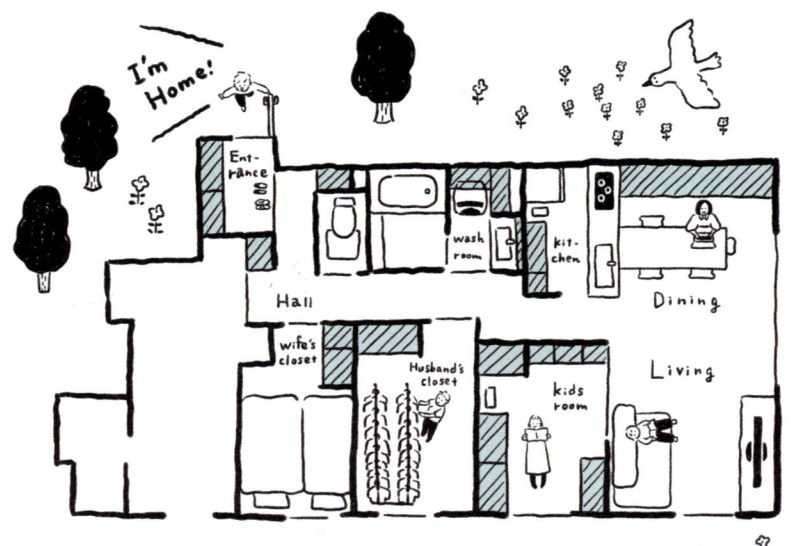

주방에서 거실과 다이닝을 훤히 볼 수 있기 때문에 아이들을 돌보며 요리와 집안일을 할 수 있다. 가족의 일상을 고려해 동선을 최소화하도록 궁리했다.

PART 1

불필요한 것을
하지 않는 마음가짐

PART 1 하지 않는 마음가짐 | 1

an Attitude of not to do.

혼자서 결정하지 않는다

I don't decide things by myself.

수납을 생각할 때 늘 명심하는 것이 있습니다. 그것은 "나 혼자 결정하지 않는다"는 것. 저처럼 수납이 직업인 경우 특히 위험하답니다. '나는 정리정돈 전문가다'라는 생각에 무의식적으로 마음대로 하기 쉽거든요. 가족들이 나의 방법을 따르기를 원하는 것이지요.

사실은 전에 쓰라린 경험을 한 적이 있습니다. 정리정돈 일을 하게 된 직후, 아이들이 편할 것이라 생각해서 아이방 장난감을 세세하게 분류한 적이 있습니다. 그랬더니 다 놀고 나서 어느 박스에 넣어야 할지 몰라 당황하기 일쑤. 제가 생각하는 '이렇게 해야만 한다'를 아이들에게 강요했던 것입니다. 그 이후로는 아이디어를 제가 내더라도 반드시 가족의 의견을 물은 뒤 본인이 하기 쉬운 방법을 선택하도록 합니다. 예를 들어 세면실에서 사용하는 큰딸의 머리끈은 세면대 포켓 → 서랍 속 → 세탁기 옆면으로, 본인과 의견을 교환하면서 드디어 수납 장소를 결정한 경우입니다. 최종적으로는 본인의 의견을 따랐더니 지금도 깔끔하게 제자리에 놓습니다.

스스로 정하면 물건에 대한 책임감이 생기는 것 같아요. 수납이란 물건의 관리입니다. 엄마 혼자 마음대로 정하는 것이 아니라 가족의 의견을 존중해서 결정하는 것은 무척 의미가 있습니다. 아이들이 자기 물건을 스스로 관리할 수 있는 어른으로 자라면 좋겠습니다.

가족과 의논합니다

남편이 수집하고 있는 야구모자는 '보여주는 수납법'으로 관리. 옷장 문 뒤쪽에 전용 모자걸이를 설치하고 언제나 볼 수 있도록 장식을 겸해 수납합니다.

PART 1 하지 않는 마음가짐 — 2

an Attitude of not to do.

수납용품 의존증에서 졸업한다

Don't be addicted to storage items better.

정리정돈 서비스를 의뢰받아 고객의 집을 방문하면 놀랄 만큼 많은 수납용품이 나옵니다. 물건을 정리한 후 새롭게 수납을 구성할 때 대부분은 집에 있는 용품으로 충분할 정도. 저도 전에는 넘칠 정도의 물건을 소유했고, 그러다가 수납할 곳이 모자라면 수납용품을 사들이는 생활을 했기 때문에 그 마음은 잘 알고 있습니다. 하지만 아쉽게도 아무리 수납용품을 채워 넣어도 문제는 해결되지 않습니다.

과거의 저를 돌아보면 집이 정돈되지 않았던 원인의 하나는 스스로 관리할 수 있는 양 이상의 물건을 갖고 있었기 때문이었습니다. 너무나 많이 가지고 있었기 때문에 감당이 되지 않았던 것입니다. 저 또한 정리정돈 전문가의 도움을 받았고, 조금씩 물건을 줄여나가는 과정을 거쳐 나의 적당량을 알게 되었습니다.

그러므로 수납용품을 사러 달려가기 전에 반드시 자신의 적당량을 깨닫기 바랍니다. 정리를 하면서 쓰지 않는 물건의 산을 바라보면 '어? 이런 물건을 위해서 수납용품을 산 거야?'라는 허망함을 느끼게 됩니다.

적당량을 알면 정리정돈은 물론, 장보기, 청소, 요리… 모든 집안일이 경감되고 무엇보다도 물건에 휘둘리지 않는 생활을 할 수 있어 마음이 편안해집니다.

적당량을 알면 처분할 수 있어요

5인 가족인 우리집의 식품 재고는 박스 4개 분량. 같은 물건을 같은 용량으로 사면 수납공간이 늘어나지 않아 수납용품을 새로 구입하지 않아도 됩니다.

PART 1 하지 않는 마음가짐 — 3

an Attitude of **not to do**.

정돈된 듯한 분위기는 필요 없다

I don't need a neat atmosphere.

잡지나 SNS에서 수납 이야기를 볼 때마다 계속 의문이 생겼습니다. 수납박스를 똑같은 것으로 맞춰서 정리하거나, 서랍 케이스의 앞면을 플라스틱 골판지나 도화지로 가리거나… 일단 겉보기에 깔끔하게 만들고 싶은 심리란 무엇일까.

아마도 어떻게든 정돈된 분위기를 추구하는 것이겠지요. 하지만 그렇게 하면 언젠가 한계가 옵니다. 그러니 정말로 정돈하는 방법을 마스터해보지 않으실래요? 평생 도움이 되는 스킬을 익히면 '정돈된 듯한 분위기'에 의지하지 않게 되어 수납 트렌드에도 휘둘리지 않습니다.

꼭 알아야 할 정리 스킬의 하나는 수납 장소와 사용하는 장소의 '거리'입니다. 막연하게 '가까운 것이 좋다'로는 물건은 점점 제자리를 벗어납니다. 한 걸음이라도, 10cm라도 가까운 곳에 놓으려고 노력해보세요. 적당한 수납공간이 없더라도 포기하지 마세요. 더욱 혹독하게! 더욱 탐욕적으로! 거리를 마지막 한계까지 줄여나갑니다.

또 하나, 물건을 수납할 때는 '최소한 지키고 싶은 선'을 생각합니다. 아이의 옷이라면 바닥에 방치는 안 되지만 선반에 올려두는 것은 OK! 처럼 말이지요. 피곤할 때나 시간이 없을 때도 할 수 있는 간단한 방법을 찾아두는 것입니다. 또 가족이 함께 사용하는 물건은 정돈스킬이 가장 낮은 가족에게 맞추면 모두가 정돈하기 쉬워집니다.

10cm를 포기하지 않습니다

매일 바꿔 끼워야 하는 싱크대 배수구 망은 싱크대 밑 서랍에 수납. 그것도 서랍을 10cm만 당기면 꺼낼 수 있도록 가장 앞쪽에 수납합니다. 새것으로 보충할 때도 편해요.

피곤해도 할 수 있는 방법

학교에서 돌아온 큰딸이 벗은 윗옷과 모자는 아이 방 학용품 선반에 수납. 기본은 옷걸이나 후크에 거는 것이지만 피곤한 날에는 선반에 휙 던져만 놓아도 OK.

PART 1 하지 않는 마음가짐 — 4

an Attitude of not to do.

정돈부터 시작하지 않는다

Do not start with SEITON.

수납용품을 같은 제품으로 맞추거나 깔끔하게 줄 세워 놓는 것. 겉보기에 아름답고 단정히 하는 것은 정돈의 의미에서 정말 중요하지만, 순서를 틀리면 더욱더 정리하기 힘든 집이 됩니다. 저도 그랬지만 특히 인테리어를 좋아하는 사람은 겉모양에 약해요(웃음).

이것은 요리로 예를 든다면 겉모양만 생각해서 접시에 보기 좋게 담는 데만 노력을 기울이는 것과 같습니다. 맛이나 영양균형을 뒷전으로 하면 훌륭한 요리라고 할 수 없습니다. 그것과 마찬가지로 정돈에도 순서가 있어서 단계를 밟아가며 방을 정돈해나가야 합니다.

가장 처음에 해야 할 것은 '**정리**', 즉 물건의 취사선택입니다. 사용하는 물건과 사용하지 않는 물건으로 나누고, 쓰지 않는 것은 처분합니다. 이때 물건을 사용 빈도별로 분류합니다(주 1회 이상 쓰는 것을 1군, 가끔 쓰는 것은 2군).

다음은 '**수납**' 단계로, 물건의 자리를 정하고 수납용품을 선정해서 사용하기 쉽게 넣습니다. 이때 1군과 2군이 섞이지 않도록 하는 것이 중요해요! 이것만으로도 꽤 달라집니다. 마지막으로 사용한 물건을 제자리에 되돌려놓고 겉모습을 아름답게 조절하는 것이 '**정돈**' 단계. 다시 말해, 정돈은 마지막에서야 본래의 효과를 발휘합니다.

반대로 말하면, 순서만 지키면 정돈된 집을 손에 넣을 수 있다는 것입니다. 이렇게 생각하면 의외로 한 번 해볼 만하다는 생각이 들지 않나요?

정돈에는 순서가 있어요

일단 정리부터. 예를 들어 주방의 소모품을 전부 꺼내 한데 모으고, 사용하는 것과 그렇지 않은 것으로 분류. 새것인가 아닌가는 관계없습니다.

PART 1 하지 않는 마음가짐 | 5

an Attitude of **not to do**.

물건의
역할을
안다

Know the roles of each items.

평소에 무심코 사용하는 수납용품이지만 고르는 방법 하나로 사용할 때의 편리성이 크게 달라집니다. 예를 들어 아래 사진의 흰색 박스와 반투명 박스. 어떤 기준으로 선택할까요? 다른 사람들이 많이 쓰니까? 매장에서 눈에 확 띄어서? 그렇다면 이 물건은 당신의 생활을 더욱 불편하게 만들지도 모릅니다.

저는 오랜 시간 제품을 만드는 입장에 있었기 때문에 알고 있습니다. 물건에는 각각의 역할이 있으며 장점과 단점이 있다는 것을요. 예를 들면 색깔. 흰색은 내용물이 숨겨지지만 반투명은 보입니다. 전자는 겉보기에 깔끔한 반면 물건의 현 상황을 알 수 없습니다. 후자는 덜 깔끔해 보일지는 모르지만 목적하는 물건을 찾을 필요 없이 바로 접근할 수 있습니다.

뚜껑이 있는 것과 없는 것은 어떤가요? 뚜껑은 습기와 냄새, 먼지를 막기 위한 것으로 식품 등에는 필요하겠지요. 또 들고 다닐 때도 내용물이 빠져나오지 않게 해줍니다. 하지만 그 이외에는 여닫는 데 시간이 걸려서 오히려 방해가 됩니다.

다시 말해서, 목적에 맞는 물건을 고르지 않으면 도움이 되어야 할 수납용품이 족쇄가 되어 더욱더 정리가 안 되는 악순환에 빠지게 될 우려가 있습니다. 수납용품은 "왠지 모르게"가 아니라 "왜 그것을? 정말 필요해?"라는 질문을 하면서 고르도록 하세요.

색의 차이

흰색과 반투명은 순간적으로 눈에 들어오는 정보량이 다르기 때문에 알아보는 속도에 차이가 생깁니다. 흰색을 자유자재로 쓰는 사람은 수납의 달인들이지요. 정리가 어려운 분에게는 반투명을 추천합니다.

뚜껑의 의미

뚜껑은 내용물이 상하는 것을 방지하고 위생적으로 유지하는 데 효과가 있습니다. 흘러내림 방지나 냄새 대책으로도 유용합니다. 한편 뚜껑이 없는 것은 넣고 꺼내기가 쉽고 내용물을 한눈에 알 수 있습니다.

Column 1
인터넷에서 찾을 것은
물건이 아니라 방법

무인양품에서 근무하던 시절, 물건을 만든다는 것은 '찾는다' '조사한다'의 연속이었습니다. 자사의 과거 상품, 시장의 비슷한 상품, 소비자의 니즈, 일반 가정에서는 어떻게 쓰이는지… 그렇게 갈고 닦은 리서치 실력은 현재 하고 있는 일에서도 저력을 발휘합니다.

수납용품은 아무리 저렴하게 샀더라도 실패하고 싶지 않은 게 당연합니다. 그것은 저도 마찬가지여서, 인터넷이나 SNS 등의 정보를 눈을 크게 뜨고 찾아보게 됩니다.

하지만 갑자기 인터넷에서 물건을 찾는 것은 그다지 추천하고 싶지 않습니다. 그중에는 막상 사용해보면 불편한 상품도 포함되어 있기 때문입니다. 사용 후기나 광고 문구를 읽는 사이에 본래의 목적은 잊어버리고 '이거 좋아 보인다'라는 생각에 자신도 모르게 구매 버튼을 누를 위험성이 있거든요.

예를 들어 그림책 선반은 표지가 보이는 전면책장, 바퀴가 달린 이동식 구조, 가동식 선반 등 여러 가지 기능이 있어 너무나 편리해 보이지만 자신에게는 필요 없는 기능까지 포함되어 있기도 합니다. 그러면 오히려 쓰기 어렵거나 다른 용도로는 쓸 수 없다는 불편이 야기됩니다. 또 아이가 성장하면 쓸 수 없을지도 모릅니다.

저는 이런 실패를 막기 위해서 다음의 방법을 실천하고 있습니다.
① 종이에 '곤란한 문제'와 '어떻게 하고 싶은가'를 적는다.
② 컴퓨터(or 스마트폰)를 켜고 ①을 검색창에 입력하고 검색한다.
③ 히트 상품이 있다면 수납방법을 살펴본다(후크에 건다, 바에 걸친다 등).
④ 집에 있는 것으로 ③의 수납법을 시험해본다.

그 결과 집에 있는 심플한 선반과 파일박스를 조합해서 사지 않고 해결한 적도 있습니다. 매장에서 고를 때도 패키지에 큼직하게 적힌 광고 문구를 있는 그대로 받아들이지 않습니다. 판단에 방해가 될 뿐 아니라 더 중요한 물건의 기본정보를 놓칠 수 있기 때문입니다. 반드시 손으로 만져보면서 사이즈와 조작성을 시험해보고 내가 종이에 쓴 목적과 비교해봅니다. 그러다 보면 '1회용 위생장갑 수납'(p51)에 코드걸이를 활용한 것처럼 의외의 아이디어가 생겨나고, 자신에게 딱 맞는 수납법을 발견할 수 있습니다.

PART 2

불필요한 것을 하지 않는 수납

PART 2 하지 않는 수납 1

숨기지 않는다

{ Don't hide }

식품 패키지가 너무 산만하고 너저분해 보여서 숨기고 싶으신가요? 맞아요, 그렇기는 합니다. 하지만 '더 중요한 것'을 위해서 깊이 생각해봅시다.

패키지가 요란해 보이는 까닭은 매장에서 눈에 잘 띄도록 만들어졌기 때문입니다. "나 여기 있어요!"라고 사인을 보내고 있는 것이죠. 다시 말해, 어디에 있는지 무척 알아보기 쉽다는 이야기입니다. 물건을 찾을 때 중요한 요소인 '알아보기 쉬울 것'을 이미 갖추고 있는 것입니다.

마찬가지로 박스도 '알아보기 쉬울 것'이 우선. 반투명이나 투명을 골라서 내용물을 보이도록 수납하면 대부분 실수 없이 넣고 꺼낼 수 있습니다. 재고 체크도 한 번에 가능하고요. 하지만 불투명한 박스를 사용하면 찾기 어려운 데다가 어디에 되돌려놓을지 몰라서 망설이게 됩니다. 앞에서도 언급한 숨기고 싶은 마음, 적어도 수납장 안에서 사용하는 경우만이라도 버리면 어떨까요? 수납장을 열고 닫는 시간에 더해, 박스를 꺼내서 내용물을 확인하는 시간까지 필요하니까요. 참고로 투명한 박스라면 문을 여는 동작 한 번으로 OK. 정말 편하겠지요?

알아보기
쉬울 것

같은 식품을 불투명한 박스에 수납해봤습니다. 내용물을 알아보기 힘들어 꺼내거나 넣을 때 불편해요. 높이도 중요한데, 수납장 안쪽에서 사용한다면 물건이 완전히 숨겨지는 것을 피하세요.

PART 2 | 하지 않는 수납 | 2

채우지 않는다

{ Don't over fill }

내용물이 보이는 반투명 케이스라도 쓰는 방법에 따라 물건을 넣고 꺼낼 때 차이가 발생합니다. 왼쪽과 아래의 사진을 비교해보세요. 내용물을 알아보기 쉬운 것은 어느 쪽인가요?

아래의 사진처럼 서랍을 전부 끼워두면 내용물을 알아보기 힘들고, 여닫을 때와 물건을 찾는 데 시간이 걸립니다. 한편 왼쪽은 한 단 걸러서 서랍을 제거하여 여유 공간을 확보했습니다. 그러자 가시성이 높아져서 목표하는 물건을 찾는 속도가 확연하게 빨라졌습니다.

또 꺼냈던 서랍을 제자리에 넣을 때, 아래의 경우는 간격이 좁기 때문에 잘 맞춰서 넣어야 합니다. 그러다 보니 집중력이 필요하고, 잘 들어가지 않으면 짜증이 나지요. 하지만 왼쪽의 경우는 간격이 충분하기 때문에 다시 제자리에 끼워 넣는 것도 쉽습니다. 자주 쓰는 물건을 앞쪽에 넣어두면 틈새로 손을 쏘옥 넣어 서랍을 꺼내지 않고도 정돈이 가능!

수납용품은 자신에게 필요한 스타일로 사용하면 OK. 안정성만 확보한다면 본인이 쓰기 쉽게 응용해서 사용하는 것이 좋습니다.

찾고
꺼내고
돌려놓기
쉬울 것

어디에…?

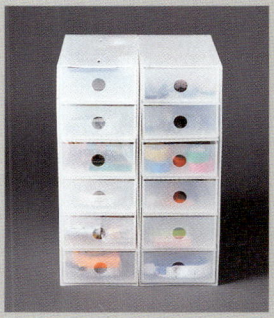

서랍을 전부 끼운 상태. 속이 어렴풋하게 보이긴 하지만 라벨을 붙이지 않으면 확실하게는 알아볼 수 없습니다. 또 폭이 좁아서 서랍을 다시 끼울 때 신중함이 필요합니다.

PART 2 하지 않는 수납 3

덮지 않는다

{ Don't cover }

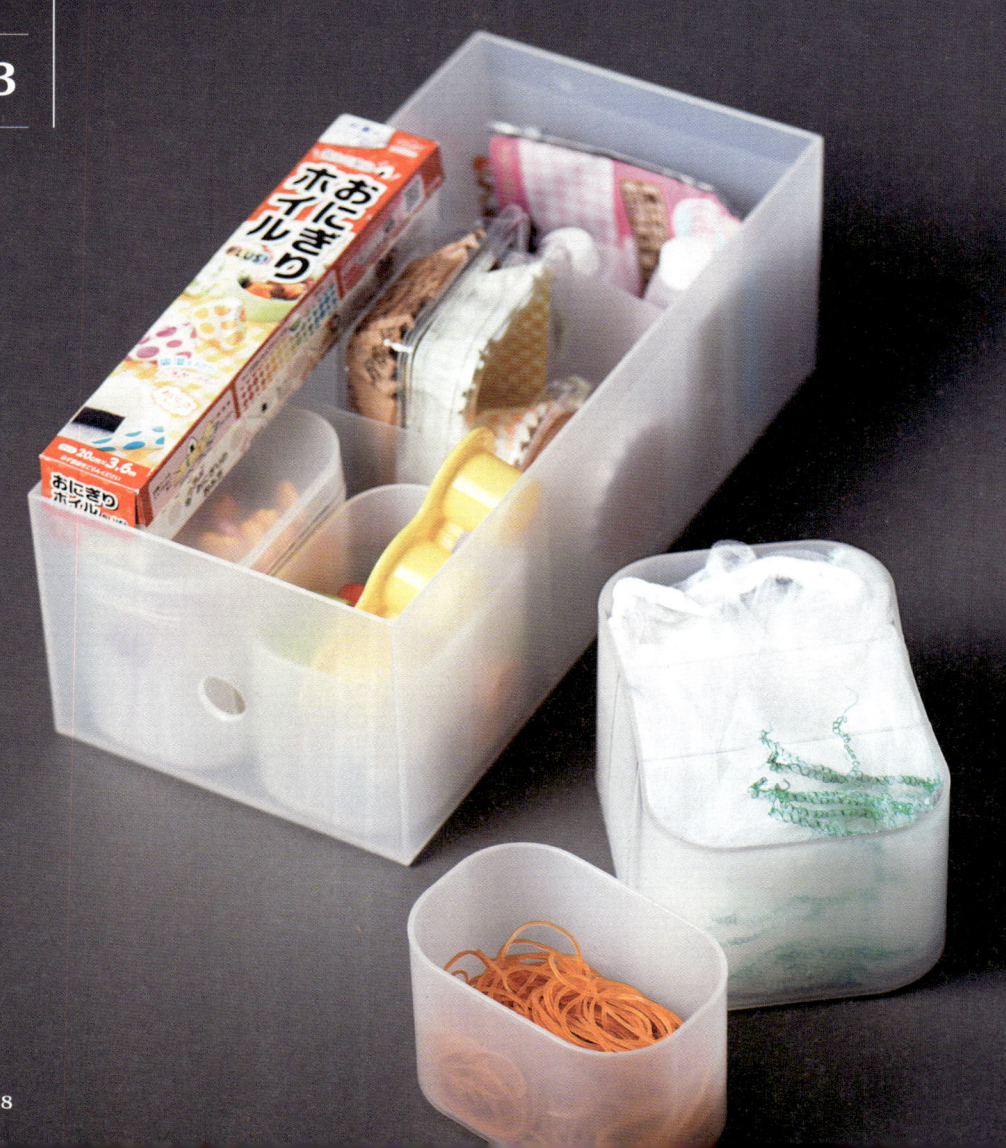

같은 박스인데 뚜껑이 있는 것과 없는 것이 있다면 어느 쪽이 더 잘 팔릴까요? 답은 뚜껑이 있는 것. '물건이 늘어나면 쌓아 올릴 수 있다!', '더 이득을 보는 것 같고 뭔가 좋을 것 같다'는 생각에 무심코 선택하기 쉽습니다.

하지만 정돈에 있어서 뚜껑이 있는 것은 귀찮은 일을 늘리는 것에 불과합니다. 사용할 때마다 뚜껑을 열고 닫는 수고를 해야 하므로 동작이 추가되는 것입니다. 제자리에 갖다 놓을 때도 마찬가지입니다. 게다가 뚜껑을 본체에 딱 맞춰서 닫아야 하는 타입은 양손이 필요하니까 하던 작업을 일단 멈춰야 합니다. 재빨리 끝내고 싶을 때는 스트레스의 원인이 되기도 합니다. 자주 보충해야 하는 소모품은 뚜껑이 없는 것이 편리합니다. 남은 양도 일목요연하게 보이고요. 사실 뚜껑이 필요한 것은 극히 적습니다. 먼지를 피해야 하는 것, 냄새나 습기를 방지해야 하는 것, 보이고 싶지 않은 것, 성능이 나빠질까 봐 걱정이 되는 것…, 이런 것들을 수납할 때는 뚜껑이 있는 것을 쓰세요. 그 외에는 "뚜껑 없는 것이 편리하다"라고 기억해두면 좋습니다.

꺼내고
돌려놓고
보충하기
쉬울 것

뚜껑이 있는 케이스는 모두 열고 닫는 수고를 해야 합니다. 그중에는 입구가 좁아서 넣고 꺼내기 힘든 것도 있어요. 내용물도 보이지 않아서 보충할 타이밍을 놓치기 쉽습니다.

PART 2 | 하지 않는 수납 | 4

분류하지 않는다

{ Don't classify too much }

일단 제 반성부터 해야겠네요. 아래 사진은 3년 전 저희 집의 장난감 수납장입니다. 장난감을 9종류로 나눴더니 제자리에 정리하는데 15~20분이나 필요했어요.

시간이 많이 걸리는 원인은 분류의 복잡성. 아이들은 지속력이 모자라기 때문에 하나하나 생각하면서 제자리를 찾는 게 쉽지 않습니다. 또 준비된 박스에 해당하지 않는 장난감이 있으면 '이건… 어디에?' 하며 손과 사고가 정지되어 버리기 때문에 시간이 점점 경과 ….

'왠지 어려워 보인다', '어떻게 하면 좋을지 모르겠다' 라는 마음은 아이들을 정돈과 멀어지게 합니다. 이를 없애기 위해서 분류를 9가지에서 6가지로 줄였고, 그중 2개를 〈이것저것 상자〉로 만들어서 분류가 어려운 장난감을 그냥 담기로 했습니다. 그러자 정리 시간이 3분으로 단축! 〈이것저것 상자〉라는 도망갈 곳이 정돈을 원활하게 해준 것입니다.

모든 것을 반드시 정확하게 분류하지 않고 유연하게 하는 것이 더 합리적이라는 판단에서 내려진 결정이었고, 그 효과는 기대 이상이었습니다.

단순하고 돌려놓기 쉬울 것

\ 이건…어디에? /

첫째가 5살, 둘째가 3살, 막내가 1살 때쯤. 인형, 블록, 요리놀이, 기차레일, 도로 등 9가지로 분류. 쉽게 정리하라고 종류별로 나눴지만 너무 세세한 분류로 실패!

PART 2 | 하지 않는 수납 | 5

옮겨 담지 않는다

{ Don't refill }

세제를 심플한 리필 케이스에 옮겨 담아 사용할 때 있었던 일. 세탁을 담당하는 남편이 원래 케이스의 뚜껑을 버리지 않고 가지고 있었습니다. 이유를 물었더니 그것이 용량을 나타내는 눈금을 보기 편하다는 것. 그때서야 저는 깨달았어요. 세제 용량을 계량해서 넣는 남편에게는 원래대로가 쓰기 편했다는 것을 말입니다.

그 이후로는 따로 옮겨 담지 않고 제품의 용기를 그대로 사용하고 있습니다. 이런 종류의 상품은 실수가 생기지 않도록 디자인을 철저하게 고민해서 만듭니다. 용기의 입구나 비닐랩의 칼날 부분 등도 최고의 첨단기술이 투입된 것으로, 그 점을 리필 케이스가 따라가지 못합니다. 다시 말해서, 제품 그대로 쓰는 것이 확실히 사용하기 편하다는 것이지요.

또 패키지는 그 물건에 대한 온갖 정보로 채워져 있습니다. 사용상의 주의점이 적혀 있어 제가 없을 땐 가족들도 안전하게 다룰 수 있고, 장 보러 갈 때도 "초록색 랩으로 부탁해"라는 한 마디로 전달됩니다. 결국 패키지는 최강의 라벨인 셈이지요. 쓰기 편하다는 점에서는 리필 케이스가 제품 패키지를 따라올 수 없습니다. 잘 사용하면 생활을 보다 편리하게 만들어줍니다.

알기 쉽고
사용하기
쉬울 것

| 세제가 뭐더라? |

내용물이 뭔지, 얼마큼 남았는지 알아보기 힘들고 심하게 흘러내려서 불편하다…. 깔끔하게 보이고 싶어서 리필 케이스에 옮겨 담으면 오히려 생활이 불편해질 수 있어요.

PART 2 하지 않는 수납

6

정돈하지 않는다

{ Don't organize too perfectly }

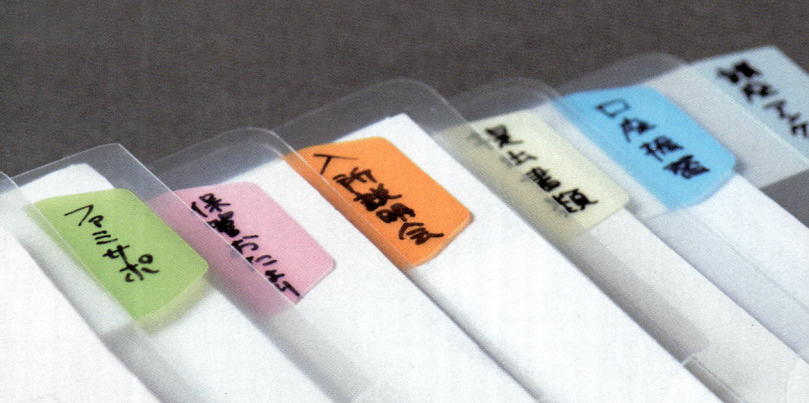

수납의 마무리 단계에서 하는 라벨링. 라벨기를 이용했던 시기가 있었지만 수납을 재정리하는 스피드에 라벨 제작이 따라가지 못해서 좌절….

라벨의 역할은 안에 무엇이 들어있는지 알려주는 것입니다. 그러니까 내용물과 라벨의 일치가 절대조건! 그러기 위해서는 내용물의 변화에 맞춰서 라벨을 새로 만들어 붙여야만 하는데, 라벨기는 문자를 치고 설정을 조절해야 해서 귀찮다는 생각이 먼저 들게 됩니다. 또 단정한 인쇄체는 정형화된 느낌을 주기 때문에 중간에 바꾸기 힘들다는 생각이 드는 것도 갱신하는 데 방해가 됩니다. 그러다 보면 내용물과 라벨이 일치하지 않아서 원하는 물건을 찾지 못하는 곤란한 사태가 벌어질 수 있습니다.

이런 점에서 손글씨는 선뜻 고쳐 쓸 수 있고 생각났을 때 바로 라벨을 만들 수 있습니다. 남편과 아이들도 만들 수 있으니 제 부담이 줄었고, 가족 모두가 수납을 재검토할 수 있습니다. 수납이 '모두의 일'이 되므로 물건을 찾는 것도 쉬워집니다. 게다가 라벨기의 인쇄체보다는 손글씨가 친밀감이 느껴집니다.

찾기 쉽고 바꾸기 쉬울 것

라벨기로 만든 라벨은 보기에는 멋스럽습니다. 하지만 새로운 것으로 바꿔 붙이려면 귀찮아져서 내용물이 바뀌어도 그대로 방치하기 쉽지요. 이래서는 라벨의 의미가 없습니다.

PART 2 하지 않는 수납 7

나란히 놓지 않는다

{ Don't arrange in order }

매일의 생활에서 사용 빈도가 높은 물건 중 하나로 일회용 원데이 콘텍트렌즈와 변기 솔 등의 소모품이 있습니다.

이것들을 사용할 때는 자투리 시간이나 분주한 아침이므로 약간의 스트레스라도 줄이고 싶었어요. 그래서 낱개로 하나씩 잘라 넣어 금방 꺼낼 수 있게 했습니다. 왜냐하면 이렇게 하면 물건 사이사이로 손가락이 들어가서 훨씬 잘 잡히거든요. 아래 사진처럼 빈틈없이 줄 맞춰 담아 놓으면 하나를 꺼낼 때마다 옆에 것들이 달라붙어 나와서 다시 넣는 것이 귀찮습니다. 쓰다 보면 너저분해지고, 그게 신경 쓰여서 다시 정돈을 하다 보면 이건 도대체 무엇을 위한 수납인지 알 수 없게 됩니다. 수납의 목적은 물건을 쓰기 쉽게 하는 것. 미리 하나씩 자르는 수고를 아끼지 않는 것은 이 때문입니다.

뽈뽈이 수납은 박스에 넣을 때도 그냥 부어버리면 되니까 편해요. 가족들에게도 가벼운 마음으로 보충을 부탁합니다.

꺼내기 쉽고 넣기 쉬울 것

\ 자꾸 들러붙네! /

일회용 변기 솔의 방향을 맞춰서 빈틈없이 담아두면 꺼낼 때마다 줄이 흐트러져서 다시 정리해야 합니다. 남편이 깨끗한 상태를 유지하는 것은 어렵기 때문에 결국 제 일이 늘어나는 결과로.

Column 2
남에게 주지 않는다
남에게 받지 않는다

저희 부부가 물건을 줄이게 된 계기가 있었습니다.
둘째인 큰아들이 태어났을 때 주변에서 아이 옷을 많이 물려받았습니다. 아들은 처음이라 잘됐다고 생각, 부부가 함께 받은 옷을 하나하나 확인했지요. 하지만 그중에 아이에게 입히고 싶은 옷은 정말 몇 개뿐이었습니다. 많은 옷을 버리면서 우리 부부에게는 아이 옷을 직접 고르는 것이 큰 기쁨이라는 것을 깨달았습니다. 동시에 다른 사람에게 받은 물건을 판단하는 것은 큰 스트레스라는 것도요. 게다가 버릴 때의 죄책감까지 느껴야 하다니, 이건 아니라는 생각이 들었어요.
특히 아이 옷을 물려줄 때는 '아이를 키울 땐 여러 가지로 지출이 많으니까 조금이나마 도움이 되면 좋겠다'는 선의나 '우리 아이가 갑자기 자라서 몇 번 못 입었다'는 죄책감으로 인해 사람에게서 사람으로 건네지기 쉽습니다. 그렇기 때문에 한 번 '받는다 ⇄ 준다'의 사이클에 들어가면 영원히 계속될 가능성이 있습니다.
그래서 우리 부부는 의논 끝에 그 사이클에서 과감히 빠져나오기로 결정했습니다. 아이 옷을 물려받지 않는 것은 물론, 우리 세 아이들의 옷도 다른 사람에게 물려주지 않고 버리거나, 팔거나, 바자회에 내놓는 등의 방법으로 처리합니다. 출산 선물도 상품권처럼 상대가 원하는 것을 고를 수 있는 것이나 없어지는 것 등, 가능하면 부담이 가지 않는 방법을 선택했습니다. 어쩔 수 없이 물려받아야 하는 상황에서는 일단 들고는 오지만 마음만 감사히 받고 처분합니다. 물건을 모아 두지 않기 때문에 집이 깔끔한 것은 물론 '받는다 ⇄ 준다'에 쏟는 수고와 스트레스가 없어졌습니다.
이러한 경험은 저희 부부에게 어떻게 소유하고 싶은가, 어떻게 살고 싶은가, 어떤 가족으로 존재하고 싶은가에 대해 이야기를 나누는 계기가 되었습니다. 두 사람이 지금까지 '왠지 모르게' 소중하게 생각했던 것을 명확하게 공유할 수 있는 순간이기도 했습니다.
덕분에 물건을 처분할 수 있었고 또 쉽게 소유하지 않게 되었습니다. 그 결과, 전보다 훨씬 가볍게 생활하고 있습니다.

PART 3

불필요한 수납이
없는 방

PART 3

불필요한 수납이 없는 방

1

벽 한쪽 면의 수납장은 아파트를 구입할 때 만들었습니다. 서류, 앨범, 연하장, 모자수첩 등, 우리집의 정보가 집약되어 있어요.

여유 있게 나눠서
대충 넣으니까
정돈하기 쉽다

우리집의 중심인 식탁.
이곳에서 식사 외에 업무와 공부,
그림 그리기 등을 하므로
부지런한 리셋이 필요합니다.
문구류와 서류는
다시 제자리에 갖다 두기 쉽도록
수납하는 것이 가장 중요.
아이들도 스스로 할 수 있도록
알기 쉽게 분류하고
심플한 수납을 하려고 노력합니다.

Dining

[다이닝]

SPOT
장식장

장식장에는 문자 그대로 잡화와 가족사진 등을 장식하면서 군데군데 실용품도 수납합니다.
선반에 그냥 올려놓는 오픈 수납은 가장 심플한 수납법. 물건에 접근하기 쉽고, 넣고 꺼내기도 좋습니다. 일상적으로 사용하는 문구류와 업무용품을 수납하는데 안성맞춤으로 어른과 아이 모두 간단하게 제자리에 되돌려놓을 수 있습니다.
단, 욕심부리지 않고 물건을 엄선하는 것이 중요. 적당한 여백이 삶의 여유로 이어집니다.

아이들이 만든 작품을 전시

아이들의 작품을 장식하는 작은 공간을 만들었어요. 가족의 눈에 잘 띄는 식탁 옆이라 대화 중 화제에 올리기 좋습니다.

수납함에 넣지 않으면 돌려놓기 쉬워요

▶ 가위와 펜, 연필깎이처럼 매일 쓰는 문구류는 수납함에 넣지 않습니다. 선반에 제자리를 만들고 꺼내둡니다. 한 번의 동작으로 정리할 수 있는 것이 늘 제자리를 지키는 비결.

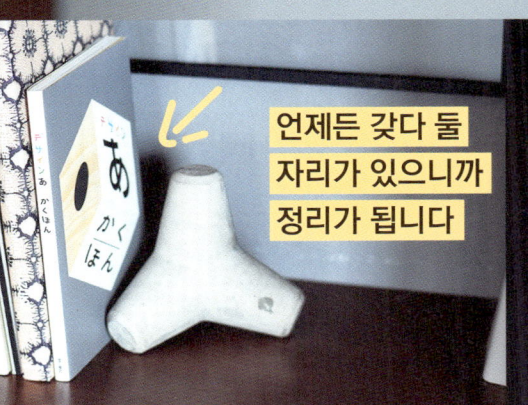

언제든 갖다 둘 자리가 있으니까 정리가 됩니다

▲ 앉는 자리에서 손만 뻗으면 닿는 위치에 책을 꽂을 수 있는 장소를 마련. 식사를 위해 식탁 위를 깨끗하게 치워야 할 때 재빨리 정리할 수 있습니다. 북엔드 대신 장식용 소품을 이용.

▶ 모자수첩 케이스는 남편도 찾을 수 있도록 장식장 오른쪽 구석에 둡니다. 아이 셋이 각자 고유 컬러가 있어서 그 컬러로 분류해 두었기 때문에 한 번에 꺼낼 수 있어요. 병원 검진이나 아플 때 허둥대지 않을 수 있는 아이디어.

색깔별로 구분하니까 찾기 쉽습니다

올려놓기만 하면 정돈이 됩니다

트레이에 올려두면 끝이니까 넣고 꺼내기도 한 번에. 첫 번째 단은 디지털기기, 두 번째 단에는 영수증, 세 번째 단은 카메라 일체와 우편물을 보관. 트레이 사이즈는 A4 가로형으로 Acrimet 제품.

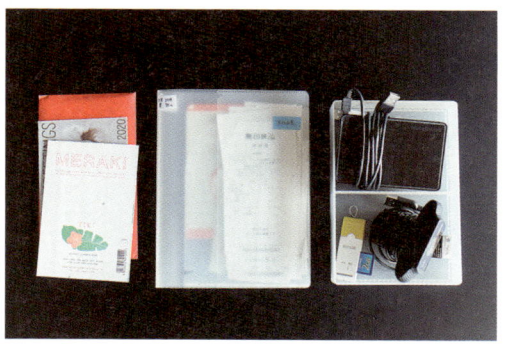

▲ 왼쪽부터 그날 분 우편물, 영수증, Web카메라와 USB메모리. 영수증은 가족 의료비와 업무경비만 남기고 그 이외는 그때그때 처분.

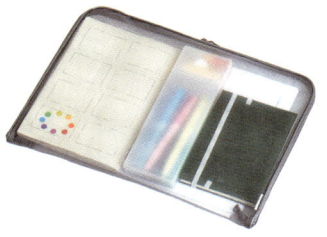

보이니까 안심!

▲ 반드시 들고 나가는 수첩과 필통 등을 한꺼번에 모아서 보관. 메쉬 소재라 열어보지 않고도 내용물을 확인할 수 있습니다.

SPOT
사무용품 코너

늘 앉는 의자 뒤에 사무용품 자리를 확보. 뒤돌면 바로 손이 닿기 때문에 앉은 채로 넣고 꺼낼 수 있습니다. 여기에는 자주 넣었다 꺼냈다 하는 영수증, 우편물, USB메모리 등을 '올려놓는 수납'으로 보관. 단, 무엇을 어디에 놓을지를 확실히 정해둡니다. 전부 보이기 때문에 필요한 물건을 바로 찾을 수 있어요.

느슨하니까 제자리에 갖다 놓기 편해요

▶ 트레이와 뚜껑 없는 박스를 조합. 윗부분이 비었기 때문에 대충 넣어도 됩니다. 박스 수를 트레이 폭에 정확하게 맞췄기 때문에 박스를 뺐다가 밀어 넣으면 자동으로 똑바로 들어가요.

SPOT
아이들용 문구 코너

▲ 색연필, 컬라펜, 색종이 등으로 분류. 구입 당시의 케이스는 펜을 꺼냈다가 다시 넣는 것이 어려워서 사용하지 않아요. 낙서장도 함께 보관.

이것저것 담아도 OK!

▶ 분류하기 힘든 것을 담는 <이것저것 상자>를 준비해두면 정돈하다가 멈칫할 일이 없습니다. 상자가 넘칠 것 같으면 재검토해서 리셋.

케이스에 넣지 않아요

아이들이 식탁에서 숙제와 그림 그리기를 하기 때문에 아이들 손이 닿는 장식장 하단에 필요한 도구를 모아 놓습니다. 중요하게 생각한 것은, 내용물이 보일 것과 한 번에 넣고 꺼낼 수 있을 것. 서랍은 아이들이 쓰기에 어렵다고 판단해 트레이에 뚜껑 없는 박스를 올려놓았더니 아이들도 사용하기 쉬워서 정돈이 지속됩니다.

SPOT
어른용 문구 코너

세트를 만들어 두면 허둥대지 않아요

▼ 제일 윗단에 있는 트레이의 내용물입니다. 구급용품에는 어린이집에 제출할 처방전도 함께 넣어둡니다. 잔돈과 봉투, 마스킹테이프를 한 군데 모아 두면 소액을 지불할 때 편리.

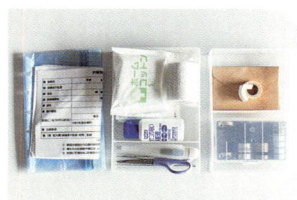

문이 달린 장식장 하단에는 주로 어른용 문구류와 서류를 수납했습니다. 문구류 수납함은 원래 전부 서랍이 채워져 있었지만, 장식장 문을 열고 서랍을 또 열어야 하는 것이 불편하다는 남편의 의견으로 서랍을 한 단씩 빼고 사용. 이렇게 했더니 내용물이 잘 보이는 것은 물론, 넣고 빼는 것도 쉬워졌어요. 이제 남편의 "그거 어디 있지?"라는 질문을 듣지 않아도 됩니다. 정말로 눈에 보이는 게 최고입니다. 라벨을 붙이지 않아도 정확하게 제자리에 갖다 놓습니다.

틈이 있으니까 한 번에 넣고 꺼낼 수 있어요

⊙ 자질구레한 물건을 넣기에 안성맞춤인 작은 서랍을 한 단씩 빼고 사용합니다. 빈 틈새로 물건을 되돌려놓을 수 있기 때문에 서랍을 당기지 않아도 OK.

▲ 클립, 펜, 건전지, 스테이플러 등, 어른이 주로 사용하는 자질구레한 문구를 수납. 서랍 속에 칸막이를 하고 앞쪽부터 사용 빈도가 높은 순으로 넣습니다.

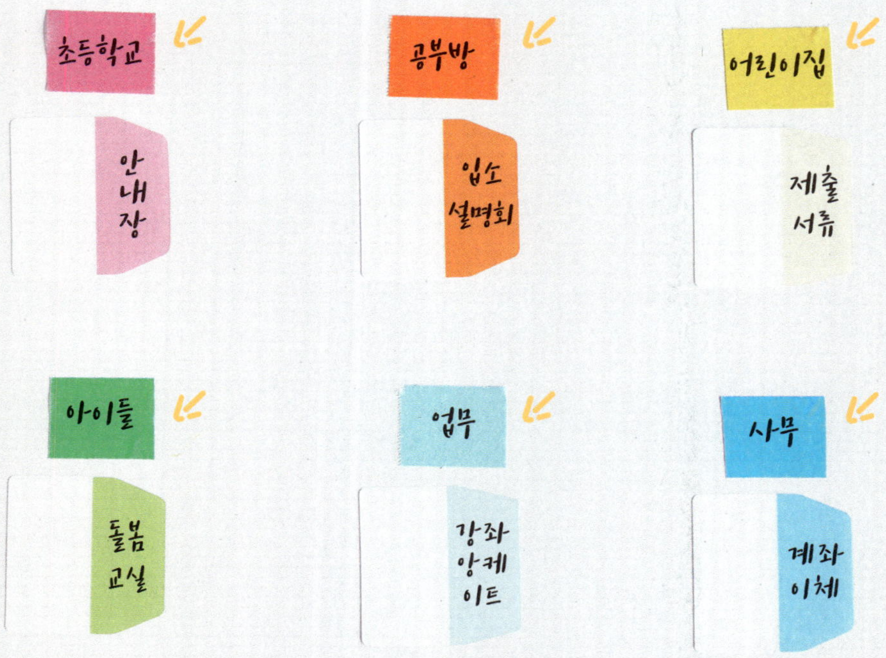

SPOT
서류 선반

6가지로 분류하니까 알아보기 쉬워요

▼ '섞이면 귀찮다' '찾는 것이 힘들다'를 기준으로 같은 종류를 모았습니다. 저희 집은 6가지로 분류했는데 너무 세세하게 하지 않는 것이 포인트. '돌봄 교실' 등 개별 안건에는 내용을 적은 라벨을 붙이고 색을 맞춰서 넣습니다.

(초등학교 - 안내장 / 공부방 - 입소 설명회 / 어린이집 - 제출 서류 / 아이들 - 돌봄 교실 / 업무 - 강좌 앙케이트 / 사무 - 계좌 이체)

간단해서 바꾸기 쉬워요

▼ 라벨을 손글씨로 쓰고 필요에 따라 즉시 수정합니다. 준비할 것은 마스킹테이프, 필름 타입 인덱스, 가는 글씨용 유성펜.

서류를 받으면 버려도 되는 것과 제출할 것을 즉시 처리합니다. 일정 기일까지 남겨둘 것과 일정을 확인해야 하는 것은 임시보관용 클립보드에.

이때 종류별로 분류하고 '이것은 무엇?'이라는 것을 알아볼 수 있도록 색깔을 달리했습니다. 계속 남겨두기로 정한 것은 클리어 파일에 넣어 보관용 파일박스에. 라벨 색상이 같아서 옮겨 넣기 편리합니다.

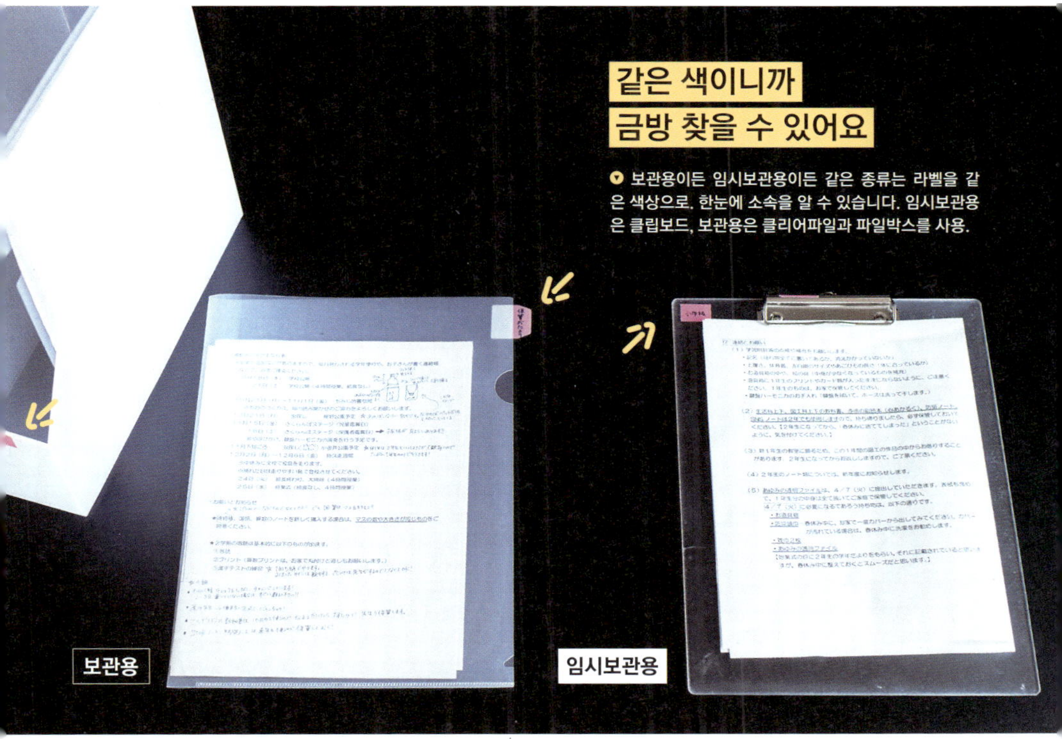

같은 색이니까 금방 찾을 수 있어요

● 보관용이든 임시보관용이든 같은 종류는 라벨을 같은 색상으로. 한눈에 소속을 알 수 있습니다. 임시보관용은 클립보드, 보관용은 클리어파일과 파일박스를 사용.

보관용 / 임시보관용

클립보드를 활용한 대충정리

끼우면 끝!

임시보관용 서류는 무심코 계속 보관하기 쉽기 때문에 끼울 수 있는 양에 한계가 있는 클립보드를 사용합니다. 정리 타이밍을 알 수 있다는 장점이 있어요.

눈에 띄는 곳에 둔다

분류한 수만큼 클립보드를 준비하고 임시보관용 서류를 끼워 둡니다. 잘 보이는 곳에 놓고 자주 확인합니다.

끼울 수 없게 되면 재검토

더이상 끼우기 힘들어지면 내용물을 체크. 남길 것은 보관용 클리어파일로 옮겨줍니다.

참견하지 않으니까 어질러지지 않아요

◐ 남편이 앉는 자리 뒤에 전용 공간을 준비했습니다. 서류와 잡지를 나눠서 넣도록 파일박스를 준비했는데 분류는 남편에게 맡겼습니다. 본인에게 편한 정리방법을 존중합니다. 앨범 등 가족의 물건도 마찬가지.

봉지에 쏙 넣었더니 정리가 됩니다

▶ 연하장을 파일에 정리하려고 하면 귀찮아서 그냥 방치하기 쉽습니다. 그냥 도착 순서대로 지퍼백에 넣으면 바로 정리가 됩니다. 날짜를 적은 포스트잇을 붙이고 내년에 연하장을 보낼 때 참고 자료로 사용.

노력하지 않으니까 지속됩니다

◀ 어린이집이나 초등학교에서 찍는 아이 사진은 보고 즐거워하는 것을 가장 중요하게 생각. 분류와 형식에 집착하지 않고 '시간 순서대로 정리한다'라는 심플한 규칙으로 관리하고 있어요.

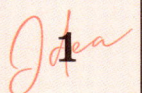

청소와 수납

언제든 바로 청소를 시작할 수 있는 환경을 만드세요

별로 좋아하지 않는 청소는 대규모가 되지 않게 오염이 적을 때 대처합니다.
청소 도구를 가까이에 놓거나 바로 사용할 수 있도록 준비,
매일 아침 5분이면 청소를 끝낼 수 있어요.

청소는 청소기와 핸디 자루걸레를 동시에 들고 다니면서 합니다. 청소기로 바닥의 쓰레기를 빨아들이면서 핸디 자루걸레로 걸레받이와 선반의 먼지를 닦아냅니다. 핸디 자루걸레로 긁어낸 쓰레기도 빨아들일 수 있어 일석이조!

"종착역"에 수납

마지막으로 청소를 하는 현관에 핸디 자루걸레를 수납하면 일부러 정돈하러 갈 필요가 없어서 최적. 리필 걸레도 함께 보관.

위생장갑을 쓰기 쉽게

청소용품 박스에 코드 걸이를 붙이고 머리 고무줄을 걸쳐서 위생장갑 수납. 재빨리 꺼낼 수 있어 청소에 대한 진입장벽이 낮아집니다.

테이블 옆에 미니 빗자루세트

식탁 뒤쪽 장식장에 미니 빗자루를 준비. 흘린 음식이나 지우개 가루를 재빨리 쓸어버릴 수 있어서 편리. 쓰레받기가 가리개 역할을 해서 깔끔합니다.

PART 3 불필요한 수납이 없는 방 2

물건을
늘어놓지 않으니까
리셋하기 쉽다

거실은 텔레비전을 보는 곳.
저는 텔레비전을 보면서
다른 일을 하지 않기 때문에
거실에 불필요한 물건이 모이지 않습니다.
낮에는 아이들의 놀이터가 되지만
옆방에 장난감 수납장이 있어
순식간에 정돈을 끝낼 수 있어요.

거실 옆방을 아이들 방으로. 장난감을 이동하기 편하기 때문에 거실에는 장난감 수납장을 만들지 않았습니다. 덕분에 거실이 늘 깔끔!

Living [리빙]

놀이처럼 정리정돈

▼ 아이들에게 "정리해야지"라고 말해도 어떻게 해야 하는지 모릅니다. 장난감 회수 박스를 건네주고 "○○만 찾아오렴"이라고 하면 보물찾기를 하는 기분으로 신나게 모아옵니다.

재미를 만들어서 정돈해요

● 문단속 체크기로 만든 〈정돈 스위치〉. 장난감을 선반에 갖다 놓았으면 X에서 O로 바꾸는 룰. 아이들은 찰칵 소리를 듣고 싶어서 맹렬한 스피드로 정돈을 합니다.

없으면 곤란하니까 제자리에 놓게 됩니다

▲ 리모컨 자리는 소파 위로 고정. 없으면 텔레비전을 볼 수 없기 때문에 아이들도 반드시 이 근처에 갖다 놓습니다. 정확한 제자리가 없어도 방 전체를 찾아다닐 필요만 없다면 OK.

▶ 소파에 앉아있는 것은 주로 텔레비전을 볼 때. 용도를 명확하게 했더니 여기에는 리모컨만 두면 되겠더라고요. 가까이에 수납장이 있지만 꼭 물건으로 채울 필요는 없습니다.

원래 아무 것도 없으면 어질러지지 않아요

▲ 장난감을 거실에 한껏 펼쳐놓아도 박스에 획획 던져 넣기만 하면 되니까 순식간에 정돈이 됩니다. 고민 없이 정돈할 수 있도록 분류를 대충 하고 <이것저것 상자>도 준비합니다.

장난감과 그림책은 아이들 방 나무 선반에. 맞은편은 학용품 존. 사진에 찍히지 않았지만 오른쪽이 의류 존. 명확한 구역 분리로 물건이 섞이는 것을 방지합니다.

PART 3 불필요한 수납이 없는 방 3

던져 넣어도 밀어 넣어도 괜찮은 '안심 수납'

밀린다, 쓰러진다, 걸린다…
작은 실패도
아이들에게는 큰 스트레스.
수납 실패가 생기지 않도록
단단하고 정확한 시스템을 구축.
틈새를 만들고
탄탄하게 칸막이를 했더니
안심하고 물건을
넣고 꺼낼 수 있게 되었습니다.

Kids room

[키즈룸]

SPOT
장난감·그림책 존

2살 터울의 아이 3명을 키우고 있기 때문에 장난감 정리에 애를 먹어 왔습니다. 시행착오 끝에 선반과 박스의 틈새로 던져 넣는 방법으로 정착. 박스를 꺼내지 않아도 정돈할 수 있으니까 4살 아이도 제자리에 갖다 놓습니다. 장난감을 갖고 놀 때도 틈으로 보이기 때문에 바로 발견! 그림책은 원래 랜덤으로 꽂아두었는데 아이들의 요청으로 각자 분류. 본인들이 원하는 방법이니까 저절로 정돈이 됩니다.

2군은 나눠서 다른 장소에

▼ 장난감과 그림책은 사용 빈도로 나눠서 2군은 별도의 장소에 보관. 1군만 꺼내 놓고 최대한 종류와 수를 제한하여 정리할 때의 진입장벽을 낮췄습니다.

▼ 심플한 선반과 소프트 박스를 조합해서 수납장을 만들었습니다. 그림책과 장난감의 양쪽에 〈이것저것〉 공간을 설치해서 분류하기 힘든 것도 망설이지 않고 정돈할 수 있도록 했습니다.

틈이 있으니까
던져 넣을 수 있어요

▲ 장난감을 손에 든 채로 박스를 당기는 것은 정말 어려운 일. 그래서 선반과 박스 사이를 10cm 정도 비우고 그 사이로 던져 넣을 수 있게 했더니 순식간에 정돈이 마무리됩니다.

바로 바꿔 붙일 수 있으니까
망설이지 않아요

▲ 장난감은 아이의 성장에 따라서 자주 바꿔 줘야 합니다. 항상 라벨과 내용물이 일치하도록 라벨을 바로 만들어서 바꿀 수 있는 손글씨로 합니다. 그림도 곁들여서 알아보기 쉽게.

▶ 라벨은 양생용 테이프*와 유성펜으로 편리하게. 양생용 테이프는 바꿔 붙이기 쉽고 끈적거림도 남지 않습니다.

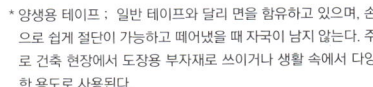

* 양생용 테이프 ; 일반 테이프와 달리 면을 함유하고 있으며, 손으로 쉽게 절단이 가능하고 떼어냈을 때 자국이 남지 않는다. 주로 건축 현장에서 도장용 부자재로 쓰이거나 생활 속에서 다양한 용도로 사용된다.

밀리지 않아서
넣고 꺼내기 편해요

▶ 책을 넣고 꺼낼 때마다 칸막이가 밀리면 아이들이 스트레스를 받습니다. 그래서 파일박스를 사진처럼 눕혀서 칸막이로 사용합니다. 양 사이드에서 책을 탄탄하게 받쳐주니 안정감이 뛰어납니다.

서랍은 한 사람당 한 줄씩. 왼쪽부터 첫째, 둘째, 막내. 막내는 아직 부모의 손이 필요하기 때문에 거실 쪽에 배치했습니다. 서랍은 이케아의 트로파스트(TROFAST). 빈틈으로 안을 약간 볼 수 있기 때문에 인지 속도가 올라갑니다.

SPOT
의류 존

아이 방 입구에 선반을 놓고 아이들의 의류를 수납. 선반 왼쪽에 붙박이 수납장이 따로 있지만 거실·주방과 가까운 이곳에서 아침과 목욕 후 옷을 갈아입는 것이 편하고, 마른 세탁물을 정리하는 것도 원활하게 진행됩니다. 선반에 옷과 손수건, 케어용품을 모아 두고 한 번에 외출 준비 완료. 서랍은 아이들도 다루기 쉽게 자그마한 것을 골랐습니다. 얕아서 옷을 여러 개 포개 놓지 못하므로 모든 종류가 일목요연. 틈 사이로 안이 보여서 아이들이 물건 찾는 것을 돕습니다.

자주 쓰는 것은 오른쪽에

▲ 선반 왼쪽에 위치한 붙박이 수납장. 큰딸 옷은 오른쪽에 모아 걸어서 한쪽 문만 열고도 넣고 꺼낼 수 있도록 했습니다. 아침에 허둥대지 않도록 한 아이디어.

서랍을 열기 쉬우니까 스스로 꺼내요

▲ 서랍 위쪽에 틈이 있어 자연스럽게 손을 걸어서 잡아당기면 넣고 꺼내는 것이 편해요. 반대로 손잡이가 아래에 달려 있으면 손목이 꺾이기 때문에 힘이 제대로 들어가지 않아 어린 아이들이 열기에는 힘들 수도.

자기 색깔이니까 바로 판단 가능

▲ 라벨은 '보는 것'. 아이마다 고유의 색이 있기 때문에 한눈에 자신의 물건이라는 것을 알 수 있습니다. 종류가 많은 의류의 경우, 형태로 기억하는 것이 쉬울 것 같아서 글씨보다 그림을 큼직하게.

전용 상자가 있으니까 정돈이 돼요

▲ 첫째와 둘째의 보물상자. 받은 편지와 좋아하는 물건 등, 개인적으로 보관하고 싶은 것들을 넣어요. 한 사람당 한 상자를 준비하고 스스로 관리. 제자리가 있으니 어질러지지 않아요.

매일 사용하는 것과 함께 두면 잊어버리지 않아요

▲ 첫째가 등교할 때 가져가야 하는 것. 손수건과 티슈뿐인데도 가끔 잊어버릴 때가 있어요. 그래서 매일 반드시 신는 양말과 함께. 이렇게 하니 양말을 신으면서 나머지를 함께 들고나오게 되어 잊어버릴 걱정이 줄었습니다.

SPOT
학용품 존

후크로 책가방 걸이

▼ 선반 옆면에 후크를 달아 책가방 걸이로. 프린트물과 교과서가 바로 옆이므로 등교 준비를 금방 할 수 있습니다.

공부는 식탁에서 하기 때문에 아이들 방에는 학용품을 수납하는 선반만 있습니다. 선반에 올려놓거나 후크에 거는 간단한 수납법으로 아이가 스스로 할 수 있도록 했습니다. 여기서도 역시 중요하게 생각한 것은 알아보기 쉬울 것. 물건이 섞이지 않도록 파일박스를 이용하여 칸막이를 확실하게 했습니다. 안정감이 있어 아이들이 대충 넣어도 흐트러지지 않습니다. 또 윗옷은 '선반에 올려두면 OK'라는 느슨한 규칙으로 어질러지는 것을 방지하고 있습니다.

▶ 심플한 나무 선반에 파일박스와 후크를 이용해서 맞춤형 수납. 상단은 프린트물과 교재, 학원가방, 옆면에는 책가방과 다음날 가지고 갈 준비물을 수납합니다.

물건을 놓을 자리가 있으면 어질러지지 않아요

▼ 평소에는 텅텅 비어있는 선반도 방학이 시작되면 이 상태. 학교에서 가져온 도구함과 그림 도구 세트로 채워집니다. 선반은 미리 높이에 여유를 두고 구입하여 전용 장소로 확보.

세 가지로 나눠 제자리를 찾기 쉬워요

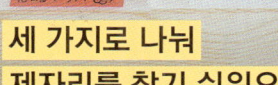

▲ 프린트물은 〈참 잘했어요〉 〈이것저것〉 〈남겨두고 싶다〉 세 가지로 분류. 교과별로 분류하면 수가 늘어나므로 〈이것저것〉에 모아둡니다. 한 학기마다 재검토.

숙제 세트는 포켓파일로

들고 나간다!

교재, 관찰카드, 그림일기, 독서감상문 등 여름방학 숙제는 종류가 많은데다가 얼마만큼 했는지 현 상황을 확인하기 어렵기 때문에 포켓파일로 일원화. 그랬더니 부모도 아이도 숙제의 남은 양을 파악할 수 있어서 안심입니다. 한 포켓에 한 종류만 넣는 것으로 정하고 마스킹테이프로 내용물을 기록. 할아버지 할머니 댁에 놀러 갈 때 휴대하기도 편해요.

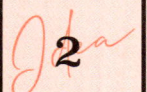

집에 가져온 프린트물의 흐름

프린트물은 세 종류로 나눠서 섞이는 것을 방지

학교에서 받아 오는 프린트물은 종류가 섞이면 너저분하고 혼란스럽습니다.
학교에 갈 때 미리 파랑/분홍 파일을 준비해서 케이스에 담아 가져갑니다.
집에 돌아오자마자 본인이 나눠서 정리하면 이후의 작업이 원활,
잊어버리는 일 없이 숙제를 제출할 수 있습니다.

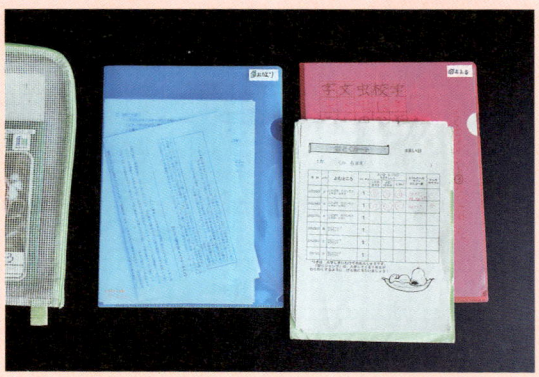

학교에서 받은 안내장은 파란색 파일에, 〈매우 잘함〉을 받아 다시 제출할 일 없는 프린트물은 분홍색 파일에 담고, 숙제는 따로 모아 케이스에 담아서 가져옵니다.

선반에도 같은 라벨을 붙인다

▼ 파일과 수납 장소의 라벨을 통일하면 쉽게 틀리지 않습니다. 라벨을 직접 만들면 더욱 좋아요.

STEP 1
식탁에 꺼내 놓는다

집에 돌아오면 바로 케이스에서 내용물을 꺼내 식탁 위에 올려놓습니다. 파란색 파일의 안내장은 부모가 확인.

STEP 2
프린트 놓는 곳에

〈매우 잘함〉을 받은 분홍색 파일의 프린트물은 아이 방의 〈매우 잘함〉 보관 장소로 이동. 이제 제출해야 하는 숙제를 시작합니다.

STEP 3
케이스에 다시 넣는다

숙제가 끝나면 케이스에 넣습니다. 내용물을 비워 아무것도 들어 있지 않은 파랑/분홍 파일도 함께 케이스에 넣고 책가방을 닫습니다.

아이의 그림과 공작품 관리법

깊이 넣어두지 말고 부모와 아이가 함께 대화할 기회를 만드세요

점점 늘어나는 아이들의 작품은 방치하지 말고 건전한 흐름을 만듭니다. 이를 위해서 보관용을 담는 〈추억박스〉를 깊숙이 넣어두지 않고 늘 꺼내둡니다. 언제든지 재검토할 수 있도록 말이에요.

STEP 1 장식한다

먼저 복도 벽에 장식합니다. 지나갈 때마다 볼 수 있어 아이들은 작품에 대한 에피소드를 신나게 이야기합니다. 입체 작품은 거실 장식장에 올려둡니다.

STEP 2 모아둔다

다음 작품이 생기면 장식했던 작품은 아이 방으로 옮깁니다. 장난감 선반 위에 〈임시보관〉 상자를 준비해두고 그 안에 넣어요. 날짜도 표시.

STEP 3 고른다

〈임시보관〉 상자가 꽉 차면 온 가족이 둘러앉아 남길 작품을 고릅니다. 바닥에 다 꺼내 놓고 하나씩 손에 들고 의견을 교환.

STEP 4 보관한다

보관하기로 결정한 것은 〈추억상자〉에 담습니다. 박스에 칸막이를 하여 아이별로 수납하고 다시 연도별로 클리어 파일에 담아줍니다.

PART 3 불필요한 수납이 없는 방

4

찾지 않는다
시간이 절약된다
이것만으로 누구나
사용하기 편하다

아침 식사는 남편, 아이들 도시락 싸기는 제가 담당. 정신없는 아침에도 분담 작업이 원활하게 이루어지는 것은 수납시스템 덕분입니다.

20분 안에 식사 준비를 완료하는 아내와, 아침 식사와 재고 관리를 담당하는 남편. 주방은 두 사람 모두에게 편리한 시스템이 필요했습니다.
드디어 정착한 것은 한눈에 찾을 수 있고 재빨리 넣고 꺼낼 수 있는 수납.
단 두 가지 아이디어로 집안일이 놀랄 만큼 가볍게 돌아가기 시작했습니다.

Kitchen

[키친]

SPOT
싱크대 아래

이곳에는 싱크대 주변에서 사용할 일이 많은 세제와 행주, 청소용품 등을 모아둡니다. 하단의 깊은 서랍은 물건을 포개서 쌓으면 밑에 있는 물건을 꺼내는 것이 힘들어요. 그래서 파일박스를 이용하여 물건을 세워서 수납하고 있습니다. 봉지 클립 등의 자질구레한 것들도 수납용품을 활용해서 파묻히지 않게 보관. 일단 물건을 한눈에 확인할 수 있게 해서 접근성을 높입니다. '한 번에 넣고 꺼낼 수 있을 것'에 집착합니다.

10cm만 열어도 꺼낼 수 있게

▼ 상단 서랍의 가장 앞줄에 행주와 식칼 등 자주 쓰는 물건을 배치. 살짝만 열어서 넣고 꺼낼 수 있으므로 빠른 작업이 가능.

랩·봉투류

2군냄비·프라이팬

1군냄비·프라이팬
조리도구

2군 조리도구

행주류

소품·청소용품

▲ 가장 짧은 동선으로 조리를 끝낼 수 있도록 조리도구는 전부 가스레인지 쪽에 수납했습니다. 효율성 있게 넣고 꺼내기 위해서 왼손잡이인 저와 남편은 왼쪽에 1군을 배치. 2군 조리도구 위는 식기세척기, 왼쪽은 쌀통입니다

한눈에 알아볼 수 있으니까 망설이지 않아요

▲ 큰 공간은 파일박스로 칸막이를 하고 세제와 청소용품을 종류별로 수납. 내용물을 위에서 한 번에 확인할 수 있으므로 꺼내려는 물건에 바로 접근할 수 있어요.

휙 던져 넣으면 즉시 제자리로

▲ 재사용하는 지퍼백은 제자리를 확보해서 어질러지지 않도록. 공간을 여유 있게 잡으면 대충 접어서 던져 넣기만 해도 정리가 됩니다. 세워서 넣으면 꺼내는 것도 한 번에.

파묻혀있지 않으니까 금방 찾아요

▲ 〈파일박스용 포켓〉을 안쪽에 걸어서 집게나 클립 등을 수납. 잘 보이고 꺼내기 쉬워서 편리하게 사용할 수 있어요. 바닥에는 평소에는 쓰지 않는 배수구 커버를 수납.

▶ 무인양품의 〈파일박스용 포켓〉. 파일박스에 걸어서 펜 등을 수납하는 포켓.

│ 걸어만 주세요 │

Kitchen 69

↗ ↗

**세워 둘 수 있으니까
넣고 꺼내기 쉬워요**

◀ 칸막이 스탠드와 칸막이 케이스를 사용해서 한 칸에 하나씩 수납. 서로 간섭하지 않아서 목표하는 것만 꺼낼 수 있습니다. 사용 빈도가 높은 것을 조리대 가까운 곳에 배치.

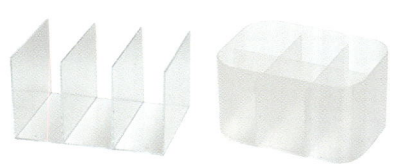

칸막이로 최적

◀ 무인양품의 아크릴 칸막이 스탠드(3칸)와 메이크박스 칸막이형(1/2 · 하프).

SPOT
가스레인지 아래

포개서 넣으면 많이 수납할 수 있어요

▲ 사용 빈도가 낮은 냄비와 프라이팬은 내부 안서랍에. 좁은 공간에 많은 양을 수납하기 위해서 포개서 넣었습니다.

가스레인지 아래는 냄비와 프라이팬, 국자 등의 조리 도구 존. 1군과 2군으로 나눠서 수납하면 자주 사용하는 것을 여유 있게 넣고 꺼낼 수 있어서 요리와 정리작업의 효율성이 올라갑니다. 칸막이 아이템을 이용하여 물건을 세워서 수납. 한눈에 들어오고 손을 아래로 내리기만 하면 필요한 도구를 재빨리 잡을 수 있습니다. 저와 남편은 둘 다 왼손잡이라서 서 있는 위치에서 왼쪽이 베스트.

SPOT
조리대 아래

조리대 바로 아래 서랍에는 가장 자주 쓰는 것을 엄선해서 수납하고 있습니다. 저희 집의 경우에는 랩, 위생비닐, 배수구 망 등을 수납. 일반적으로 이곳에 조리도구나 자질구레한 것을 넣는 것으로 생각하지만 가정마다 물건의 사용 빈도는 제각각. 아이템에 관계없이 쓰기 편한 것을 수납합니다.

뚜껑이 없으니까 꺼내기 편해요

◀ 배수구 망은 뚜껑이 없는 상자에 담아 두면 꺼내기 쉽고 보충도 금방 할 수 있어요. 한 장씩만 나오도록 실리콘 고무줄 2개를 걸쳐 놓았습니다.

빈 상자 활용

◀ 재활용 비닐봉지를 수납할 때 전용 케이스 대신 다 쓴 위생비닐의 빈 상자에 넣어둡니다. 서랍에 딱 들어가는 사이즈로 공간을 유용하게 활용할 수 있습니다.

전용 공간을 만들어주면 섞이지 않아요

◀ 사용하기 힘든 가장 아랫단은 가끔 쓰는 조리도구를 수납. 모양이 제각각이라 혼잡스러워지기 쉬우므로 박스에 한 종류씩 넣어 섞이는 것을 방지합니다. 함께 쓰는 부품도 한데 모아서 보관.

◀ ㄷ자 랙을 사용해 높이를 나누는 '단차 수납'을 하면 모든 그릇을 한 번에 꺼낼 수 있습니다. 자잘한 물건은 박스에 모아서 서랍식으로 관리.

SPOT
상부장

상부장은 높이에 따라 편리성에 차이가 생기기 때문에 사용 빈도별로 나눠서 넣는 것이 요령. 하단부터 순서대로 사용 빈도가 높은 것을 수납하고 있습니다.
손이 잘 닿는 하단과 가운데 단에는 자주 사용하는 식기와 물통 등을 수납. 발돋움을 해야 닿는 상단에는 일회용 식기와 나들이용 도시락통 등을 보관합니다.
내용물이 보이는 반투명 케이스에 담아 무엇이 어디에 있는지를 일목요연하게 볼 수 있습니다. 가족 누구라도 알아볼 수 있도록 합니다.

보이니까 잘못 꺼낼 일이 없어요

▲ 가장 윗단에 수납한 쿠키 틀과 일회용기 등. 사용 빈도가 낮은 물건은 안 보이면 금세 잊어버리기 때문에 밖에서도 내용물을 알 수 있는 반투명 케이스를 골랐습니다. 손잡이가 달려있어서 잡기 편해요.

나눠서 놓으면 모두 꺼내기 쉬워요

▲ 그릇을 포개서 보관하면 꺼낼 때 양손을 다 써야 하는 것이 귀찮습니다. ㄷ자 랙으로 높이를 나누고 몇 개씩 나눠서 수납하면 한 손으로 넣고 꺼낼 수 있습니다. 뒤쪽에 손이 닿을 수 있도록 앞쪽을 낮게.

따로따로 수납해서 수고를 줄여요

▲ 물병은 뚜껑을 닫아서 수납하면 내용물을 부을 때 열어야 하는 수고를 해야 합니다. 뚜껑을 닫지 말고 뚜껑과 본체를 나눠서 수납합니다.

세트로 보관하면 넣고 꺼내는 데 1초

▲ 도시락용 픽과 찍기 틀을 박스에 한데 모아서 여기저기 찾을 필요가 없습니다. 조리대에 두면 재빨리 고를 수 있어요. 사용 후에 되돌려놓기도 원활. 장식소품과 도시락통은 나눠서 수납합니다.

▲ 종류가 많은 과자와 커트러리는 섞이면 물건의 존재 여부를 확인하기 어렵습니다. 그래서 서랍을 수납 케이스로 칸막이하고 소재를 명확하게 해두었습니다.

SPOT
하부장

식품 재고, 찻잎, 간식 등 습기를 싫어하는 음식물은 전부 싱크대 뒤쪽 하부장에 보관. 소모품들은 자주 보충하기 때문에 뚜껑 없는 케이스에 담아 전체가 보이도록 수납. 내용물을 케이스에 나눠 담아서 어디에 무엇이 있는지를 일목요연하게. 세워서 수납하면 남은 잔량도 한눈에 알 수 있어요. 커트러리나 컵도 한데 모아서 차와 간식 준비가 재빨리 끝날 수 있도록 했습니다.

▲ 상단에 커트러리와 차, 과자 종류, 하단에 컵과 식품 재고를 수납. 사용하기 힘든 하단은 안쪽까지 들여다보지 않고 꺼낼 수 있도록 가장 앞줄에 자주 쓰는 물건을 배치.

매일 쓰는 건
집어넣지 않아요

▲ 매일 쓰는 커트러리는 가족 전원의 것을 케이스 하나에 모아둡니다. 식기세척기에서 꺼내면 바로 케이스에 담아 서랍에 넣지 않고 식탁 옆으로 이동. 밥상을 차릴 때 아이들이 식탁에 세팅합니다.

나뉘어 있으니까
헤매지 않아요

▲ 커트러리는 같은 종류라도 평소에 쓰는 것과 손님용으로 나눠서 보관. 각각의 케이스에 수납해서 포개놓는데 위쪽에 평소 사용하는 것을 놓습니다. "위에 있는 거 꺼내 와"라는 한마디로 가족들 모두 헤매지 않고 꺼낼 수 있어요.

미리 준비해두면 언제나
제자리에 놓을 수 있어요

▲ 컵을 수납한 하단은 위치가 낮고 깊어서 불편. 그래서 가늘고 긴 트레이를 놓고 서랍처럼 당겨서 사용. 옆에 있는 것과 섞이지 않아서 되돌려놓을 때 헤매지 않습니다

조금씩 사니까
넘치지 않아요

▲ 부피가 큰 간식은 수납에 골칫거리. 하지만 잘 고르면 공간을 절약할 수 있어요. 봉지과자는 피하고 작은 팩 초콜릿이나 쿠키를 구입. 커트러리와 마찬가지로 서랍에 보관.

보이니까 찾을 필요가 없어요

낱개로 나눠 두면 꺼내기 쉬워요

▲ 보리차 티백은 하나씩 분리해서 박스에 보관. 한 손으로 꺼내서 재빨리 쓸 수 있어 편리합니다. 습기 방지를 위해서 뚜껑이 달린 것을 구입했지만 손가락으로 가볍게 밀어 올리면 간단히 꺼낼 수 있어요.

▶ 식품을 수납한 박스는 일부러 높이가 낮은 것을 골랐습니다. 틈새가 있어 물건을 찾기 쉽고, 그 사이로 손을 넣어 꺼낼 수도 있어요. 반투명을 고르면 문을 연 순간 내용물을 파악할 수 있습니다.

초단위

뚜껑 선택은 목적에 맞게

뚜껑의 개폐 속도가 느림	뚜껑의 개폐 속도가 빠름

뚜껑이 있는 케이스는 목적에 따라서 달리 사용합니다. 뚜껑의 개폐 속도가 나누는 기준입니다. 오른쪽은 빠르게 열 수 있기 때문에 세탁용 캡슐세제 같이 별다른 고민 없이 빨리 꺼내고 싶을 때 사용. 왼쪽은 뚜껑이 고정되어 있는 타입. 생각할 시간을 벌 수 있으므로 시간과 장소에 따라 수량을 조절하고 싶은 물건을 넣을 때 사용.

idea 4 | 휴지통과 쓰레기봉투

슬림하게 세로로 쌓아 분리수거할 공간을 확보했습니다

집 안의 불필요한 물건을 원활하게 배출하는 데는 휴지통의 역할이 중요. 가족이 쓰레기를 분리할 때 힘들지 않도록 넣고 꺼내기 쉬운 것을 고릅니다. 저희집은 틈새공간에 들어가도록 위로 쌓아 올리는 타입으로 구입.

쓰레기봉투는 안에 세팅

쓰레기봉투는 쓰레기통 안에 고리를 만들어서 걸쳐놓으면 편리. 낱장으로 움직이지 않도록 고무줄로 고정.

종이봉투는 싱크대 밑에

휴지통 맨 위에 종이봉투를 놓고 종이류를 분리수거 합니다. 여분의 종이봉투는 싱크대 밑에 수납.

폐건전지 등은 현관에

다 쓴 건전지 등은 수집 빈도가 적어서 '모이면 버려야지' 하다가 잊어버리기 쉽습니다. 빠뜨리지 않고 버릴 수 있도록 현관에서 관리.

어떤 것을 버릴지는 버리기 쉬운 높이로 결정. 가장 밑은 플라스틱 칸이 다 차면 바꿔 끼우는 예비용. 이 휴지통은 뚜껑이 한 번 누르면 열리는 데다가 쌓아 올릴 수 있어서 공간이 절약됩니다.

SPOT
냉장고

제가 음식을 만드는 데 드는 시간은 매 식사당 20분. 밑반찬을 만들어두지 않기 때문에 처음부터 시작합니다. 그래서 냉장고 수납은 시간 단축을 추구. 가장 중요하게 생각하는 것은 넣고 꺼내기 쉬울 것과 얼마나 잘 보이는가입니다. 안쪽의 물건을 재빨리 꺼낼 수 있도록 길고 좁은 트레이를 당겨서 사용. 반투명을 쓰면 내용물을 바로 알 수 있습니다. 조미료도 시판상품의 패키지 그대로 보관하면 장소, 종류, 잔량 등 모든 정보를 순간적으로 파악할 수 있어서 시간 단축으로 이어집니다.

갑작스럽게 생긴 큰 물건은 신선실에

▼ 신선실은 평소에는 비워 두었다가 냄비째 냉장하고 싶은 음식이나 케이크 등 갑작스럽게 생긴 큰 물건을 보관합니다.

▼ 식재료를 선반에 늘어놓으면 섞여서 찾기 힘들어요. 깊이가 딱 맞는 트레이를 놓고 종류별로 나눠 두면 섞이는 것을 방지할 수 있어서 바로 찾을 수 있습니다.

같은 종류끼리 모아 두면 쓰기 편해요

▲ 왼쪽은 햄과 소시지 같은 가공품, 오른쪽은 다양한 종류의 치즈. 종류가 같은 식품을 모아 두면 고르기 쉽고 메뉴 고민도 없습니다. 장 보러 갈 때 재고 체크도 간단.

손만 뻗으면 바로 꺼낼 수 있어요

▲ 냉장고는 최고의 팬트리. 가스레인지 뒤쪽에 있어 조리 도중 손만 뻗으면 식재료를 바로 꺼낼 수 있습니다. 트레이에 종류별로 모아 두었다가 조리대 위에 꺼내 놓고 고르면 문을 여닫는 것도 원활.

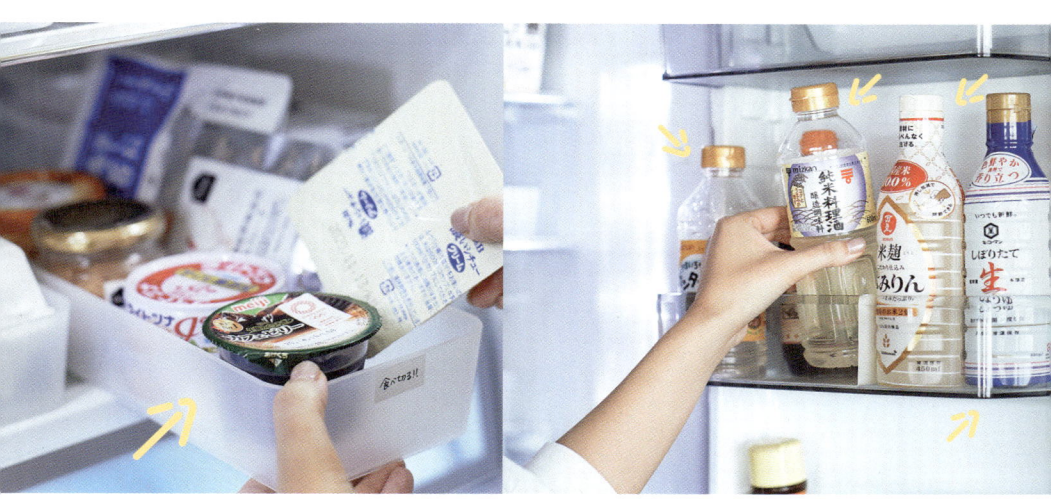

눈에 띄니까 잊어버리지 않아요

▲ 유통기한이 임박한 것과 빨리 쓰고 싶은 것을 트레이에 모아서 내용물이 잘 보이는 가장 아랫단에 놓습니다. 통조림같이 상온 보관하는 것도 여기에서 일괄관리.

옮겨 담지 않으니까 찾기 쉬워요

▲ 조미료를 다른 병에 옮겨서 사용하지 않습니다. 색이 비슷하면 구별하기 어렵기 때문입니다. 시판상품의 패키지는 제품을 한눈에 알 수 있어서 가족들도 머뭇거리지 않고 꺼낼 수 있어요.

PART 3 불필요한 수납이 없는 방 5

속이 보이고 뚜껑이 없으면 누구나 제자리에

세수, 목욕, 세탁…
매일의 더러움을 제거하는 욕실은
부지런한 정돈으로 깨끗하게.
사용한 물건을 돌려놓기 쉽게
문이나 서랍 속은 훤히 보이게 해서
한 번에 끝냅니다.

Washroom
[욕실]

◂ 중앙 하단은 제 콘택트렌즈와 스킨케어 용품, 가운데 단은 남편 콘택트렌즈와 구강세척제, 화장품 샘플, 상단은 아로마 오일과 예비용 병.

SPOT
욕실 수납장

거울 뒷면 수납장은 속이 보이지 않는다는 핸디캡을 갖고 있는 장소. 게다가 문을 여는 수고를 해야 하므로 안에 수납한 물건은 한 번에 꺼낼 수 있도록 했습니다.

수납용품은 되도록 뚜껑이 없는 것을 선택하고 물건을 세워서 수납. 콘택트렌즈는 보충할 때 하나씩 분리해두면 사용할 때 편리합니다. 또 찾을 필요가 없도록 투명이나 반투명 케이스에 내용물을 보이게 수납. 순식간에 알아볼 수 있기 때문에 여기저기 찾을 필요가 없습니다.

칫솔 수납엔 펜 스탠드를 활용

▲ 칫솔은 펜 스탠드(펜 정리대)에 수납. 투명해서 내용물과 청결 상태가 바로 보이는 것이 마음에 들었습니다. 앞쪽에서 꺼내는 것도 편리.

잘 보이니까 헤맬 필요가 없어요

● 남편의 몸단장 용품들. 투명케이스에 넣어서 문을 연 순간에 무엇이 어디에 있는지 한눈에 알 수 있도록 했습니다.

눈에 띄니까 다 쓸 수 있어요

● 화장품 샘플은 콘택트렌즈 옆에. 매일 쓰는 것과 함께 놓으면 눈에 들어오기 때문에 쓸 타이밍을 놓치지 않습니다. 칸막이가 있는 박스에 종류별로 담아두고 각각의 잔량을 확실하게 파악.

적당한 깊이 덕분에 쓰러지지 않아요

▶ 병 제품을 수납하는 트레이는 잘 쓰러지지 않으면서 꺼내기 쉬운 깊이가 이상적. 4.5cm는 이 두 가지를 모두 실현할 수 있어서 스트레스가 없습니다. 무인양품의 〈메이크 박스 1/4 가로형·하프〉.

낱개로 분리되어 있으면 꺼내기 쉬워요

▶ 콘택트렌즈는 낱개로 분리해서 한꺼번에 박스 안에 휙. 정리하는 시간이 걸리지 않고 한 개씩 잘 잡힙니다. 가지런히 정리해도 꺼낸 후에 쓰러지면 오히려 스트레스.

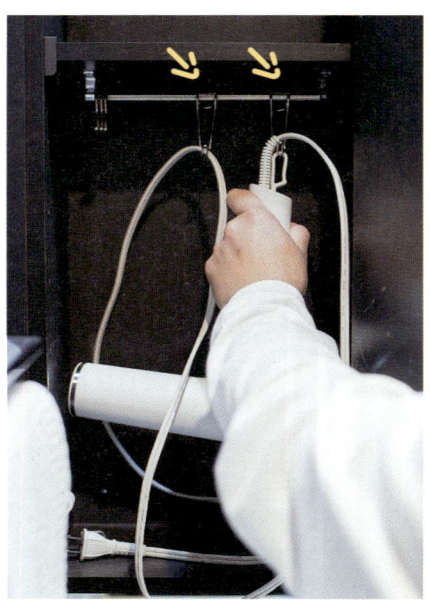

걸어서 정돈해요

▲ 매일 사용하는 드라이기는 후크에 걸어놓습니다. 잘 흔들리지 않는 타입의 후크를 두 개 준비해서 본체와 코드를 각각 걸어둡니다. 코드를 말아서 수납하면 선이 손상되므로 NG.

움직이지 않으니까 꺼내기 쉬워요

▲ 면봉을 꺼낼 때 케이스가 움직이지 않도록 손으로 고정하는 것이 작은 스트레스. 젤 타입 고무로 고정하면 움직이지 않아 한 손으로 한 개씩 꺼낼 수 있습니다.

원래 머리끈은 아이 방 의류 존에 수납했지만 세면대 위에 떨어져 있는 경우가 많았습니다.
함께 수납을 재검토해서 세면대 바로 아래에 있는 서랍을 제안했더니 딸은 NO라고. 그래서 세탁기에 후크를 달고 걸어두니까 정돈이 되었습니다. 사진처럼 아이도 한 개씩 꺼낼 수 있어요.

그래서 제자리!

아이가 정한 머리끈 수납

5 수건 사용법

개수와 색상을 정해서 관리하기 쉽게

수건을 고르는 방법 하나로 세탁 부담이 크게 줄어듭니다.
색상과 사이즈, 수량을 잘 생각해서
빨기 → 말리기 → 개기 → 수납의 공정을 편하게 하고 있어요.

첫째 / 둘째 / 막내 / 엄마 / 아빠

목욕용 수건은 세탁량과 건조 속도를 줄이기 위해 페이스타월을 사용합니다. 한 사람당 3장이며 사용중, 세탁중, 세탁완료로 수건의 움직임을 알 수 있게 했습니다. 수건도 자신의 색깔로 소유하면 각자가 기분 좋게 쓸 수 있어요.

수건의 색상을 아예 다른 색으로

손 닦는 수건은 색상과 위치를 구분해서 걸어둡니다. 벽에 걸린 흰색 수건은 어른용, 세면대 하단에 걸린 짙은색 수건은 아이들용.

개지 않고 한데 모은다

아이들은 셋이 함께 입욕하므로 수건은 1장씩 개지 않고 한꺼번에 겹쳐서 4번 접어둡니다.

SPOT
세면대 아래

허리를 구부려서 넣고 꺼내야 하는 세면대 아래는 사용 빈도가 낮은 물건을 넣습니다. 주로 샴푸와 칫솔 등의 재고를 모아둡니다. 재고 관리는 남편 담당이므로 보충하기 쉽도록 수납 방법을 연구, 종류별로 파일박스에 넣어서 섞이는 것을 방지했습니다.
반투명으로 높이가 낮은 파일박스라면 물건의 소재가 일목요연합니다. 게다가 세우는 수납을 하면 물건이 겹겹이 쌓이지 않기 때문에 관리가 원활합니다.

칸막이로 섞이지 않아 찾기 쉬워요

▼ 박스에 칸막이 케이스를 넣어서 자질구레한 것들을 나눠서 수납. 섞이지 않아 찾기 쉽고 보충도 편해요. 게다가 쓰러지지 않습니다.

▼ 세면대 아래는 자칫하면 물건을 쌓아 올리기 쉽기 때문에 파일박스를 놓고 세워서 수납했습니다. 문 뒤에는 청소에 쓰는 장갑을 수납.

나뉘어 있으니까
쓰기 편해요

◀ 상단 서랍에 화장 도구를 사용 빈도별로 분류하여 수납. 안을 박스로 칸막이하고 앞쪽에 1군, 뒤쪽에 2군으로 여행용과 재고를 수납하고 있어요. 아침에는 1군의 파우치를 세면대로 꺼내 와 사용. 시간이 단축됩니다.

스펀지로 밀림 방지

▲ 넣고 꺼낼 때마다 박스가 움직이면 작은 스트레스. 그래서 청소용 멜라민스펀지를 서랍과 박스 틈에 끼워서 고정.

접지 않으니까
바로 제자리로

◀ 하단 서랍에는 욕실에서 쓰는 쓰레기봉투를 보관. 박스에 들어갈 만한 크기로 대충 접으면 되므로 접는 작업을 미루지 않게 됩니다. 안쪽은 세탁망으로 여기도 휙 던져 넣는 수납.

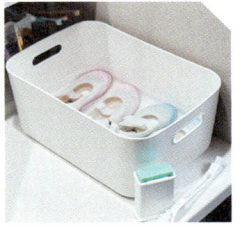

신발 세탁용으로도 사용

▲ 신발 세탁할 때 담가두는 용으로 무인양품의 폴리에틸렌 케이스(M)를 사용. 서랍에 쏙 들어가는 크기이므로 수납장소를 고민할 필요가 없어요.

▶ 세제는 같은 종류끼리 분류해서 박스에 수납하면 높은 위치라도 쉽게 넣고 꺼낼 수 있습니다. 세탁용 세제 외에 청소용 세제와 도구도 이곳에 수납.

SPOT
세탁실

저희 집은 아침과 저녁으로 하루에 2번 세탁을 하기 때문에 세탁실은 기능성을 중시했습니다.

수납장 아래 칸에는 자주 쓰는 세제를 배치. 문을 열면 한 번에 넣고 꺼낼 수 있기 때문에 세탁을 바로 시작할 수 있습니다. 캡슐세제 한 개를 던져 넣기만 하면 OK. 또 세제가 도중에 떨어져도 바로 보충할 수 있도록 재고도 항상 대기 중입니다. 세탁의 흐름을 멈추지 않고 한꺼번에 끝낼 수 있어요.

빈도별로 나눠서 쓰기 편하게

▼ 오른쪽의 멜라민스펀지는 욕실 세면대 청소에, 왼쪽의 걸레와 장갑은 대청소에 사용. 작게 나누면 수납장소를 확보하기 쉽고, 넣고 꺼내기도 편해요.

잡을 곳이 있으니까 넣고 꺼내기 쉬워요

◀ 손이 닿기 힘든 상단에는 무인양품의 메이크박스 1/2을. 손잡이가 약간 아래에 있어서 손가락을 걸기 쉽기 때문에 발돋움하지 않고도 꺼낼 수 있어요.

피난 장소가 있으니까 어질러지지 않아요

▼ 밤사이에 세탁 → 건조한 옷은 아침에 남편이 개고 출근. 시간이 없을 때는 건조기에서 꺼내 박스에 담아둡니다. 아무 데나 흩어 놓지 않아서 욕실이 깔끔.

제대로 잴 수 있으니까 안심

▼ 세탁은 남편이 담당. 시판 세제 뚜껑은 용량 표시가 알아보기 쉬워서 재빨리 잴 수 있습니다. 정확한 것을 좋아하는 남편에게 딱 좋은 도구.

Washroom

PART 3 불필요한 수납이 없는 방 6

분류해서
칸을 막으면
섞이지
않는다

옷은 옷걸이에 걸어서 보이는 수납. 서랍에 넣을 것은 확실하게 나눠서 섞이는 것을 방지합니다. 대충 개서 세워두면 종류를 알 수 있어서 관리가 편해요.

▲ 왼쪽 칸에는 아우터와 숄을, 오른쪽 칸에 상의와 하의를 수납. 계절마다 바꿔 넣고 계절 외 옷은 벽장 맨 위 칸 박스에 수납.

▼ 옷장이 침실 입구에 있어서 아침에 일어났을 때 옷을 갈아입기 편해요. 옷, 가방, 소품 전부를 수납.

Wife's closet

[나의 옷장]

개지 않으니까 금방 제자리에

옷은 가능하면 개지 않고 옷걸이에 걸어서 수납. 벗은 후 되돌려놓기 편하니까 어질러지지 않습니다. 옷걸이는 옷장용과 세탁건조용을 동일한 제품으로 사용하면 바꿔서 다시 걸 필요가 없어요.

칸막이가 있으니까 알아보기 쉬워요

소매 길이는 펴보지 않으면 알기 어려워요. 그래서 서랍 안에 다이소의 수납케이스를 넣어 칸을 구분하고 반소매와 긴소매를 나눠서 수납. 찾는 수고를 덜었습니다.

이동시킬 곳이 있으니까 분류할 수 있어요

잘 입지 않는 옷, 상태가 안 좋거나 비슷한 것이 있는 옷, 세탁을 하거나 옷을 갈아입을 때 신경 쓰이는 것 등은 가장 아랫단 서랍에 넣어둡니다. 버릴 후보를 골라두면 안 입는 옷을 쌓아두지 않고 정리할 기회가 됩니다.

나뉘어 있으니까 찾기 편해요

캠핑용이나 계절에 맞지 않는 등 당장 입을 일이 없는 옷은 박스에 한데 모아서 벽장 맨 위 칸에 수납. 옷걸이를 여유 있게 쓸 수 있어요.

Wife's closet

넣을 곳이 있으니까 어질러지지 않아요

▶ 아우터 수납장 아래 부분의 빈 공간에 박스를 설치. 아무 데나 놓기 쉬운 실내복을 넣어둡니다. 아침에 실내복을 벗은 다음 훅. 한 번 입었지만 세탁하지 않는 옷도 여기에.

전부 볼 수 있으니까 고르기 쉬워요

▶ 외출용과 정장용 등, 사용 빈도가 낮은 가방을 한데 모아둡니다. 위에서 바로 종류를 알아볼 수 있도록 아크릴 칸막이 스탠드에 세워서 넣습니다. 늘 사용하는 가방은 현관에 둡니다.

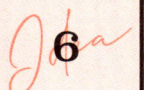

옷을 소유하는 법

언제나 흰색 블라우스, 하의만 바꾸니까 고민할 것이 없습니다.

매일 옷을 갈아입어야 한다는 것이 스트레스라서 과감하게 제복화. 일할 때 입는 옷은 흰색 블라우스로 범위를 제한했더니 찾을 필요, 고민할 필요가 없어지고 모든 것이 편해졌어요.

같은 흰색 블라우스라도 컬러의 모양과 소맷부리, 단추 등 디테일이 달라서 느낌이 달라집니다.
사진의 블라우스는 GRANDMA MAMA DAUGHTER의 제품.

마드라스체크는 만능

여러 색을 사용하는 마드라스체크는 어디에든 잘 어울리기 때문에 코디하기 편해요. 흰색 블라우스의 악센트로 안성맞춤.

3켤레가 돌려 신기 편해요

빨기 + 갈아신기 + 1로 마음의 여유를. 어느 하의에나 어울리는 3가지 색으로 갖추고 있습니다. 좌우 발 모양에 맞게 만든 팔케(FALKE)의 양말.

하의만 선택해요

아침 코디에서 생각할 것은 하의 디자인. 취재나 현장 작업 등을 고려해 움직임이 편한지 아닌지로 바지나 치마를 고릅니다.

PART 3 | 불필요한 수납이 없는 방 | 7

사람마다 다름을 인정하고 잔소리를 멈추니 정돈이 된다

신발장에 양말 수납,
상자 대신 세탁망 사용 등,
남편이 생각하는 수납은
설마의 연속!
하지만 본인이 괜찮다면
그것으로 OK!
사람의 수만큼
수납방법도
다양하게 존재합니다.

▲ 왼쪽에는 취미와 휴일용 옷을, 오른쪽에는 업무와 평일용 옷을 걸었어요. 서랍 케이스 옆은 통근가방 보관 장소로.

▼ 빨래 건조장 한쪽 구석에 있는 옷장. 침실과 세면실에 가까워서 아침에 외출준비가 원활.

Husband's closet

[남편의 옷장]

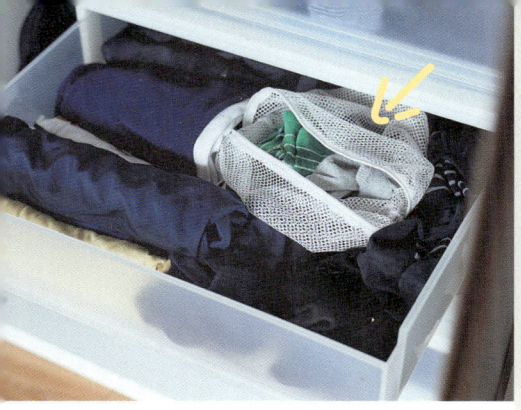

세탁망이 왜 여기에?
▲ 티셔츠와 양말을 한 서랍에 수납. 양말을 비즈니스용과 잘 안 신는 것으로 나누려고 상자 칸막이를 제안했더니 세탁망에 쏙. 본인이 좋다고 하니 그냥 둡니다.

양말이…있는 곳!
▲ 아니, 신발장에 양말을!! 양말과 운동화의 색을 맞춰둔다면서 남편이 직접 결정. 코디하기 편하니까 어느 의미에서는 합리적일지도 모르겠네요.

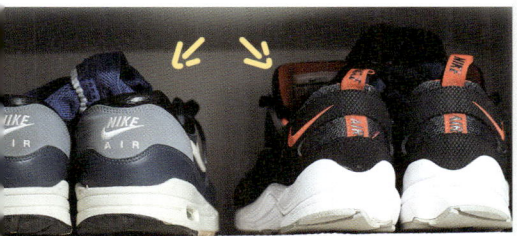

감상하고 싶은 마음
▲ 야구모자 컬렉션은 '장식해놓고 즐기고 싶다'라는 남편의 요청으로 '보여주는 수납'을 하기로 했습니다. 문 뒤쪽에 설치한 모자걸이에 하나씩 걸어두니 고르기 쉽고 꺼내기 쉬워졌어요.

한손으로 꺼낼 수 있어요!
▲ 링에 걸어서 연결하는 야마자키실업의 〈조인트 행거 링〉. 부착용 도어후크도 한 세트. 5개입.

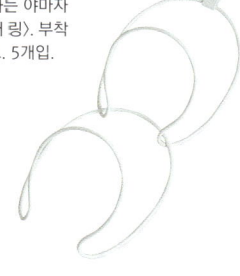

PART 3 불필요한 수납이 없는 방 8

가끔 쓰는 물건일수록 잘 보이게 한데 모아서

비상식품이나 생필품 재고, 화기용구, 외출용품 등 비상시에 도움이 되는 물건을 잘 보이게 한데 모으고 체크할 수 있게 합니다. 잊어버리지 않고 언제라도 들고 나갈 수 있도록.

▼ 위에서부터 화기용구, 생필품 재고, 비상식품, 위생용품 재고, 남편의 배낭, 외출용품순. 언제라도 현관에서 들고 나가기 쉽도록.

Hall [복도]

**자주 확인할 수 있어
유통기한 걱정이 없어요**

**관련 있는 것들을
한데 모아서 알기 쉽게**

🟡 현관에서 가까운 이곳에 재난을 대비한 비상용 가스버너와 부탄가스를 보관. 일 년에 몇 번 안 쓰는 성묘용품도 케이스에 담아서 함께 수납합니다. 불과 관계있는 것으로 모아두면 기억하기 쉬워요.

🔺 식품 재고 속에 비상식품으로 쓸 수 있는 컵라면 등을 수납. 여기에 두고 사용하면 유통기한이 지날 걱정은 없습니다. 트레이에 올려두면 안쪽 물건도 꺼내기 편리합니다.

화분받침으로 대용

🔻 원하는 만큼 충분한 길이의 트레이가 없어서 화분받침을 활용. 단단해서 식품을 넣어도 휘어지지 않습니다.

ITEM
화기용품
비상용품

복도 수납장에는 비상식품과 생필품 재고 등을 수납. 현관과 가까워서 비상시 대피용으로도 쓸 수 있어요.

매일 사용하는 것이 아니기 때문에 너무 깊이 보관하지 말고 물건이 보이게 수납하는 게 오히려 좋습니다. 트레이를 사용해서 안쪽 물건까지 꺼낼 수 있게 하면 무심코 유통기한이 지나버리는 일은 생기지 않습니다. 휴대용 가스버너와 양초도 여기에 보관. 불을 연상시키는 빨간색 가방에 담아서 직감적으로 꺼낼 수 있게 했습니다.

**가방에 미리 넣어두면
자주 사용해요**

ⓐ 매장에서 사용하는 쿠폰이나 카드는 외출할 때 남편이 휴대. 바로 꺼낼 수 있도록 케이스 안을 칸막이해서 사용 빈도로 나눠둡니다. 칸막이는 클리어 파일을 잘라서 제작.

ITEM
외출용품

아이와 함께 하는 외출은 준비만으로도 힘들지요. 공원, 불꽃놀이, 레스토랑… 가는 곳과 계절이 제각각이므로 가지고 나가야 하는 물건도 달라집니다.
저희집은 '이것 한 세트만 있으면 걱정 없다!'라는 기본 세트를 준비. 여기에다가 공원이라면 썬크림과 벌레기피 제, 여름이라면 손 선풍기를 추가합니다. 내용물이 보이는 봉지에 넣어 박스에 세워서 수납. 그러면 재빨리 골라서 금방 준비할 수 있습니다.

한 손으로 꺼낼 수 있는 마스크 수납

▼ 문 안쪽에 자석 패널을 붙이고 티슈상자 홀더를 고정, 마스크를 상자째로 넣습니다. 뚜껑을 자르면 한 손으로 꺼낼 수 있어서 편리.

한군데 모아 두면
당황하지 않아요

▼ 외출할 때 반드시 갖고 나가야 하는 것을 가방에 모아 두면 출발이 원활. 오른쪽부터 시계방향으로 기저귀 세트, 아이들 여벌옷, 돗자리, 아이들 가방, 그리기 용품.

바로 외출할 수 있어요

속이 보이니까
찾기 쉬워요

▼ 계절과 장소에 따라 추가로 챙길 물건들. 투명 지퍼백이나 망사 주머니에 담아서 내용물이 보이도록 합니다. 과자와 주스, 썬크림, 벌레기피제, 손 선풍기 등. 바로 찾을 수 있어요!

금방 찾을 수 있다!

PART 3 불필요한 수납이 없는 방 9

구두부터 열쇠까지, 제자리가 있으니까 정돈된다

물건을 빈번하게 넣고 꺼내야 하는 현관은 작은 물건까지 주소를 부여합니다. 놓인 곳을 한눈에 알 수 있고, 손이 닿는 위치에 물건이 있으면 망설이지 않고 들고 나갔다가 제자리에 돌려놓기도 간단합니다.

Entrance [현관]

▲ 한 사람당 한 켤레의 신발만 꺼내 놓습니다. 슬리퍼도 바닥에 놓지 않고 신발장 문 안쪽에 걸어둡니다. 왼쪽 가장 아랫단은 재난 대비용품 배낭.

모아 두니까 허둥대지 않아요

▲ 현관문을 열고 '조금 춥네…'라는 생각이 들 때를 대비해서 얇은 점퍼를 준비. 가족들 것을 전부 모아서 망사 주머니에 담아 5번째 단에 세워둡니다. 옷을 가지러 신발을 벗을 필요가 없어요.

구역을 나누면 잘못 넣지 않아요

▲ 신발은 각 가족의 키에 닿는 높이에 수납. 가족별로 단을 나누고 영역을 확실하게 하면 헛갈리지 않고 넣고 꺼낼 수 있습니다. 아이들 신발은 ㄷ자 랙으로 분할해서 3~4켤레씩 수납.

〈이것저것 상자〉가 있으면 지저분해지지 않아요

▲ 구둣솔, 선글라스, 줄넘기… 제자리를 정해 놓지 않은 물건을 여기저기에 두면 지저분해지는 원인이 됩니다. 〈이것저것 상자〉를 준비해두면 신발장이 깔끔. 제일 윗단에서 항상 대기.

걸거나 세워서 꺼내기 편하게

▶ 문 가까이에 열쇠와 포인트카드 등, 외출용품 보관 장소를 만들었습니다 여기라면 신발을 신은 채로 꺼낼 수 있습니다. 한 개씩 걸거나 세워서 담아 한 손으로 꺼낼 수 있게 수납.

\ 휙 |

던지면 되니까
정돈이 됩니다

▲ 윗옷을 입고 방까지 들어가면 벗어서 바닥에 던져 놓기 때문에 현관에서 벗습니다. 압축봉으로 옷걸이를 만들긴 했지만 우선은 제자리에 되돌려놓는 것부터 연습. 안에 넣기만 해도 일단 OK.

SPOT
현관 수납장

현관 수납장 덕분에 우리집 현관은 언제나 깔끔! "다녀왔습니다"의 흐름으로 윗옷과 가방 등 몸에 걸치고 있던 것을 벗어서 휙휙 던져 넣습니다. 기본적으로 선반에 올려만 두면 되니까 아이들도 쉽게 정돈할 수 있습니다. 현관 수납장에는 그 외에도 접이식 우산과 아기 띠 등 잊어버리기 쉬운 물건과 재빨리 들고 나가고 싶은 것을 수납. 제한된 공간은 물건을 엄선해야 여유 있는 수납이 됩니다.

겨울에는 소품케이스를 준비해둡니다

▲ 귀마개, 장갑 등 겨울에는 몸에 걸치는 것이 많아지므로 소품 정리용 케이스를 준비해 놓고 그 안에 휙. 외출할 때마다 찾아 헤맬 일이 없어요.

들어가서 한 걸음이니까 자연스럽게 제자리에

▲ 아무 데나 놓기 쉬운 가방은 편하게 넣을 수 있는 네 번째 칸에 수납. 신발을 벗으면 스마트폰만 손에 들고 휙 던져 넣습니다. 옆에 있는 업무용 배낭은 내용물을 꺼내고 수납.

골라두었기 때문에 바로 들고 나갈 수 있어요

▲ 상단 2번째 단에 가끔 들고 나가는 물건을 수납. 하나씩 놓았기 때문에 재빨리 들고 나갈 수 있어요. 오른쪽부터 아기 띠, 슬리퍼, 일회용 기저귀, 접이식 우산.

가장 아랫단 박스에는 다 쓴 생필품 패키지를 모아둡니다.
장보기 담당인 남편이 상품 패키지를 찍어서 구매물품 리스트로 쓰고 있어요.

자동발주

다 쓴 패키지를 던져 넣는다

전용 박스를 준비해두고 내용물을 다 쓴 제품 패키지를 휙 던져 넣습니다. "이거 사 와요"라는 신호입니다.

스마트폰으로 촬영

남편이 장 보러 가기 전에 박스의 내용물을 촬영. 용량과 브랜드를 하나하나 전달할 필요가 없으니 간단하고 매장에서 상품을 찾을 때도 편해요.

빈 상자 체크로 장보기가 편해진다

Entrance

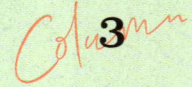

수납과 집안일 분담

아침 준비, 빨래 개기, 재고 관리, 가계부 쓰기, 베란다 청소, 저녁 설거지… 이것들은 전부 남편이 하고 있는 집안일. 어느 유명한 〈집안일 육아 직무표〉를 체크해봤더니 남편이 60%, 제가 40%로 남편이 저를 상회하는 결과가 나왔습니다. 수납으로 집을 정돈한 결과라고 절절하게 실감하고 있습니다.

수납이 잘 되어 있지 않으면 이런 일이 생깁니다. 예를 들어, 국자와 자루걸레를 쓰는 사람이 바뀔 때마다 다른 곳에 갖다 놓고 서로 찾으러 다닙니다. 다음에 쓸 때도 또 찾아다니는 번거로움을 반복합니다. 그 결과 시간이 걸리고(그리고 스트레스도 쌓이겠지요!) '집안일을 해도 해도 끝나지 않는다'라는 불만이 쌓이게 되는 것이지요. 국자나 자루걸레가 늘 같은 장소에 있고 모두가 그 자리에 갖다 놓게 된다면 집안일을 효율적으로 할 수 있게 됩니다. 협력을 구하기 쉬워져서 집안일 분담이 자연스레 진행됩니다.

수납으로 실현한 집안일 분담은 그 후의 생활과 부부관계에도 큰 변화를 가져왔습니다.

우선 만에 하나, 한 사람이 쓰러지는 일이 발생한다고 해도 남편과 저 모두 어떻게든 생활을 유지할 수 있기 때문에 아이들의 의식주가 보장됩니다. 그래서 커다란 안정감을 느끼고 있습니다.

게다가 집안일에 들어가는 시간과 수고를 서로 알기 때문에 상대에게 완전함을 바라지 않게 되었습니다. '피곤하니까 저녁은 나가서 먹을까' '늦었으니까 샤워만 하는 것은 어때'라고 쉬운 선택을 제안하거나, 그 제안에 찬성(!)하게 됩니다.

또 생활의 세세한 부분까지 공유하고 있기 때문에 뭔가 안 좋은 일이 생기거나 의아함을 느꼈더라도 대화로 해결할 수 있습니다. 올봄에 코로나19의 영향으로 재택근무를 해야 했을 때도 잘 조절해서 업무시간을 확보할 수 있었습니다.

그리고 깜짝 놀랐던 것 하나! 지금까지 요리를 거의 하지 않았던 남편이 최근 아침 식사로 팬케이크나 프렌치토스트를 만들기 시작한 것입니다. 늘 같은 메뉴는 아이들이 질려서 먹지 않게 될까 봐 남편 나름대로 이것저것 시도해 보는 것이지요. 수납으로 집을 단정하게 만드는 것은 집안일의 분담으로 연결되는 것 같습니다.

PART 4

효율적인
수납용품

PART 4 효율적인 수납용품

심플하면서 효율성이 좋은 무인양품 수납용품들

수납에 대한 사고방식과 마찬가지로 수납용품도 '불필요한 것을 하지 않는' 물건이 좋은 제품이라고 생각해요. 그 점에서 외관과 기능 모두 심플한 무인양품은 우수한 제품. 넣는 물건도 사용하는 장소도 정해져 있지 않으니까 집 안 어디서나 여러 가지 방법으로 사용할 수 있습니다. 또 세세한 부분까지 신경 쓴 아이디어가 수납을 도와줍니다. 병이 효율적으로 들어가도록 모서리가 둥글게 마무리되었다든지, 겹쳐서 쌓을 수 있도록 바닥 부분에 홈이 있다든지 등. 그 외에도 색을 입히지 않은 반투명 파일박스 등은 내용물을 가시화해줍니다. 상점에서 물건을 구입할 땐 주방, 문구, 건강&뷰티 등 꼭 여러 매장을 방문해보세요. 수납의 폭이 확장된답니다.

수납 아이템 **1**

메이크박스
1/2·하프·가로형

약 15 × 11 × 8.6 cm

Good

POINT 1
소품의 분류 수납에 딱 알맞은 크기

POINT 2
반투명으로 옆에서 내용물이 보인다

POINT 3
모서리가 둥글다. 다루기 쉽고 들기 편하다

풍부한 라인업을 자랑하는 〈메이크 박스〉 시리즈에서 제가 자주 사용하는 것은 〈1/2·하프·가로형〉. 높이가 8.6cm로 얕은 서랍에 들어가고 자잘한 물건을 소분 수납하는데 편리합니다. 적당하게 작아서 내용물을 넣어도 한 손으로 쉽게 들 수 있는 것도 좋은 점. 바닥에 홈이 있어서 같은 사이즈를 위로 쌓아 올릴 수 있어요.

칸막이로 사용

나눠서 수납하고 싶은 물건의 칸막이로 사용. 에코 토트백에 넣고 화장실용 세제와 소취제를 보관. 맨 우측은 일회용 청소 솔.

콘택트렌즈 보관

일회용 콘택트렌즈 2~3개월분이 통째로 들어갑니다. 두 개의 박스에 좌우를 나눠서 넣으면 재고 관리가 편해요.

배수구 망 보관

싱크대 배수구 망을 펼쳐서 넣을 수 있기 때문에 위에서 1장씩 꺼내 쓸 수 있어요. 보충할 때도 봉지에서 꺼낸 상태 그대로 담으면 끝.

수납 아이템 2

세로 방향으로 활용 가능한
칸막이 케이스 L · 블랙

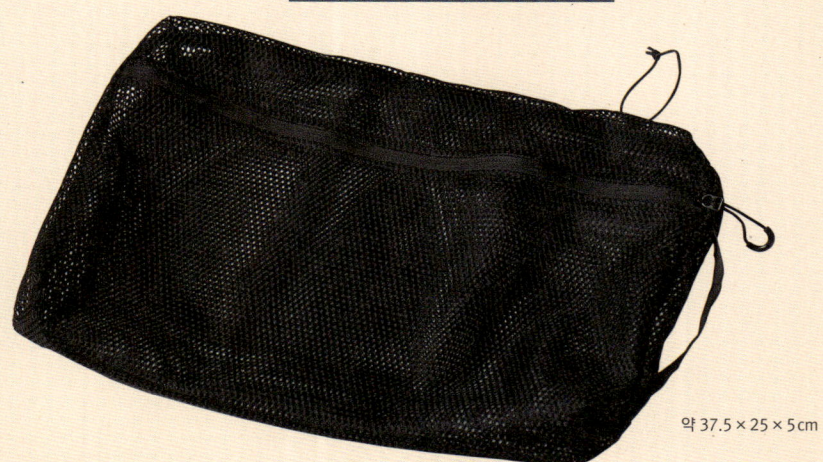

약 37.5 × 25 × 5cm

Good

POINT 1
매쉬 소재라 내용물이 잘 보인다

POINT 2
부드러운 소재로 입체물도 넣을 수 있다

POINT 3
손잡이가 있어 들기 쉽고 휴대할 때 편리

배낭 내용물을 나눠서 수납할 수 있는 파우치로, 세워서도 사용할 수 있는 것이 특징. 비옷 등 야외에서 필요한 의류는 거의 여기에 담아 신발장에 세워서 수납해둡니다. 손잡이를 앞으로 두면 재빨리 들고 나갈 수 있어서 편리. 또 내용물이 보이기 때문에 지퍼를 열지 않고도 확인할 수 있습니다. 유연성이 있는 소재라 장난감 등 입체물이 들어가기 쉬운 것도 장점.

장난감 휴대에

부드러움과 튼튼함을 겸비했기 때문에 제각기 다른 모양의 장난감을 담아도 안심.

여행이나 출장 갈 때

화장품이나 스킨케어 용품, 안경 등의 소지품을 모아 두면 가방 속에서 길을 잃지 않습니다. 내용물이 보이기 때문에 건망증 대책이 되기도 합니다.

비옷 수납

아이들 비옷을 한꺼번에 모아서 보관. 겉에서 수량을 확인할 수 있기 때문에 외출할 때 당황하지 않습니다. 통기성이 좋아서 관리도 편해요.

수납 아이템 3

정리박스 3·4

[상 : 3] 약 17×25.5×5cm
[하 : 4] 약 11.5×34×5cm

Good

POINT 1
적당한 높이로 안에 있는 물건이 잘 쓰러지지 않는다

POINT 2
반투명으로 작은 물건까지 잘 보인다

POINT 3
튼튼한 소재로 내구성이 있다

주로 주방용품 코너에서 취급하는 정리박스 3은 커트러리 등의 짧은 물건, 4는 조리도구 등의 긴 물건이 들어가는 사이즈. 4의 세로 길이는 흔하지 않아서 저는 냉장고 트레이로도 사용하고 있어요. 폭이 넓은 3은 작은 아이들의 의류를 넣는데도 딱! 둘 다 높이가 5cm로 물건이 잘 쓰러지지 않고 너무 무겁지 않아서 절묘. 약간 깊어서 서랍을 열 때 안정감이 있습니다.

아이 옷 정리

아이의 속옷은 작아서 서랍에 넣으면 뒤죽박죽이 되기 쉽습니다. 여기에 정리하면 얇아서 겹쳐 쌓이지 않으니까 깔끔.

냉장고 트레이로 사용

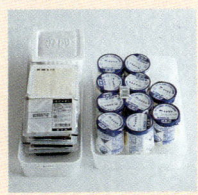

냉장고 식재료를 분류할 때 사용. 모서리가 둥글기 때문에 요구르트도 빈틈없이 들어갑니다.

컵 수납

튼튼한 소재이므로 컵을 넣어도 휘어지지 않습니다. 카운터 아래 수납장에 넣고 당겨서 사용하고 있습니다.

수납 아이템 **4**

면봉 케이스

약 10.7 × 7.2 × 7.7cm

노란 고무줄

고무줄 원래 박스는 입구가 작아서 꺼낼 때 불편했습니다. 옮겨 담으니 입구가 커서 손을 넣기 쉬우므로 재빨리 꺼낼 수 있습니다.

도시락 소품

도시락용 소스병이나 뽑기들 등, 세워서 수납하고 싶은 물건을 수납. 작은 물건이 딱 들어가는 높이입니다.

도시락용 소스나 노란 고무줄 등 작은 물건을 넣는 데 아주 편리. 서랍 속에서 여기저기 흩어지지 않게 한 종류씩 모아 두는 데 안성맞춤인 사이즈입니다. 깊이가 7.7cm라서 물건을 세워서 수납할 수 있기 때문에 위에서 찾기 쉬운 것도 장점. 또 반투명으로 내용물이 보여서 남은 양을 체크하기도 편리합니다. 부엌과 욕실에서 사용해요.

헤어밴드 수납

욕실 서랍에 넣고 헤어밴드 지정석으로. 없어지지 않고 바로 찾을 수 있습니다.

티백 보관

티백이 딱 들어가는 폭이라 서랍 내에 공간을 모두 활용합니다. 한 개씩 꺼낼 때도 편리.

Good

POINT 1
깊이가 있어서 세워서 수납할 수 있다

POINT 2
미니 사이즈로 소분용에 최적

POINT 3
반투명으로 남은 양을 알 수 있다

수납 아이템 5

스탠드 파일박스
와이드·A4용

약 15 × 27.6 × 31.8 cm

원래 서류를 세워서 수납하는 파일박스는 안정감이 뛰어난 제품. 기본은 사진의 방향으로 사용하지만 저는 눕혀서 사용. 눕히면 앞에 막히는 것이 없어져서 아이들도 물건을 넣고 꺼내기 쉽습니다. 선반에 연속해서 꽂아 두면 북엔드로도 활용 가능.

Good

POINT 1
방향을 바꿔서 다양한 방법으로 사용

POINT 2
폭이 넓어 넣고 꺼내기 쉽다

POINT 3
반투명으로 옆면에서 내용물이 보인다

그림책 꽂이로

앞에 막히는 것이 없으면 다양한 사이즈의 그림책을 수납할 수 있습니다. 밖으로 꺼냈다가 다시 넣기도 쉽습니다.

학원가방 수납

와이드 타입은 폭이 넓어서 바닥이 넓은 가방도 쏙 들어갑니다. 옆으로 쓰러지는 것을 방지해 깔끔하게 정돈됩니다.

수납 아이템 6

EVA 케이스
지퍼 부착
B6 사이즈

약 15 × 22 cm

EVA는 샌들의 바닥재 등에 쓰이는 소재로 물에 강한 것이 특징. 무심코 젖은 손으로 만져도 안심이므로 마스크나 드로잉북 등을 넣어둡니다. 내용물이 살짝 보이기 때문에 확인이 빠릅니다. 가볍고 부피를 차지하지 않으므로 가방 안이 깔끔합니다.

Good

POINT 1
물에 강해서 종이 제품 보관에 최적

POINT 2
적당한 투명감으로 내용물이 보인다

POINT 3
가볍고 슬림하게 휴대 가능

마스크 보관

마스크가 들어가는 사이즈로 휴대하기 편리. 가방에 넣어도 쭈글쭈글해지지 않고 깨끗한 상태를 유지합니다.

그림그리기 세트로 사용

외출할 때 들고 갈 아이들의 드로잉북과 펜을 수납. 내용물을 확인하기 쉬워서 잊지 않고 챙길 수 있습니다.

번외편

수납 실패를 방지하는 소품들

넣고 꺼낼 때 움직이거나 물건이 무너져 뒤섞이는 등의 수납 스트레스를 줄여주는 수납용품들.

밀림 방지책

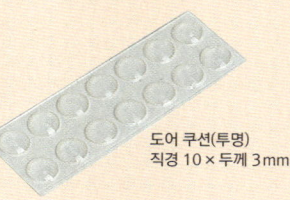

도어 쿠션(투명)
직경 10 × 두께 3mm

SMALL item
도어 쿠션

문 뒷면에 붙여서 열고 닫을 때 충격을 줄이고 흠집을 방지하는 도어 쿠션. 이것을 활용해서 수납케이스와 트레이의 미끄러짐을 방지합니다. 투명해서 눈에 띄지 않아 장소에 상관없이 쓸 수 있는 것이 장점.

카운터 위의 트레이 자리에 붙여주면 미끄러지거나 넘어지지 않습니다. 케이스 바닥에도 밀림방지용으로 붙입니다.

무너짐 방지책

SMALL item
북엔드

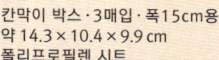

약 14 × 7 × 11cm

폭이 넓어 안정감이 있기 때문에 넣고 꺼낼 때 걸려도 쓰러지지 않습니다. 또 양에 맞춰서 이동할 수 있으므로 공간을 유용하게 활용할 수 있습니다. 스틸 제로 관리도 간단.

SMALL item
칸막이 박스

파일박스 안에 넣는 케이스로 공간을 3분할. 박스와 높이가 같아서 칸막이한 물건이 경계선을 넘지 않아요. 부드러운 소재로 쓰기 편한 것도 장점. 접어서 수납할 수 있습니다.

칸막이 박스·3매입·폭15cm용
약 14.3 × 10.4 × 9.9 cm
폴리프로필렌 시트

파일박스 안에 넣어서 세 개의 개별공간을 만들었어요. 욕실 배수구 망이나 덴탈케어 용품 등을 종류별로 나눠서 수납합니다.

식품 재고를 분류할 때 사용. 확실하게 나누기 때문에 종류와 수량을 알아보기 쉬워서 재고 관리가 쉽습니다.

My SHUNO history

나와 가족의 이야기

정돈하지 못하는 나에 대해 오랫동안,
혼자서 고민하고 있었습니다.

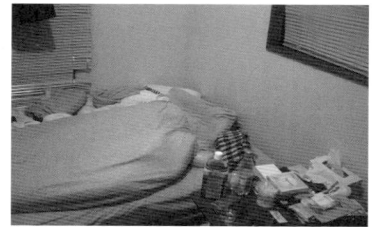

부모님과 함께 살던 시절 ~ 싱글라이프 시대

'정돈'을 배우지 못한 채 어른이 되다

제 친정은 겸업농가. 부모님은 일하면서 농사를 지으셨기 때문에 집을 정돈하는 것까지 손이 미치지 못했습니다. 그래서 물건이 늘 어질러져 있었죠. 물건으로 가득 차도 다시 헛간에 넣어버리면 괜찮았기 때문에 저는 정리정돈을 배우지 못하고 자랐던 것입니다.

대학 입학으로 상경하여 다락이 있는 방에서 혼자 살기 시작. 인테리어 잡지에 나오는 것 같은 생활을 동경했지만 제 지저분한 방이 마음에 걸려 친구를 초대해본 적도 없습니다. 여기저기에 물건이 쌓여 가고 열쇠와 휴대폰, 서류 등, 늘 뭔가를 찾아야 했습니다. 집에서 물건을 찾아다니는 것이 일상인 삶.

무인양품에서 일하기 시작한 뒤로는 일이 바빠서 집에는 잠만 자러 돌아오는 생활. 흘러넘치는 물건은 다락에 쑤셔 넣고 없었던 일처럼 자신을 속였습니다. 왜 이렇게 짜증스럽고 의욕이 생기지 않을까라는 생각은 하면서도 정돈되지 못한 집이 그 원인이라고는 깨닫지 못했습니다. 회사에서는 생활을 보다 향상시키는 상품을 만들고 있었기 때문에 '나는 제대로 살지 못하는데 괜찮은 것일까?'라는 위화감이 들었습니다.

결혼 ~ 신혼시절

둘이서 살기 시작. 얼핏 보면 깨끗해 보이는 집

남편과 사귀면서는 '그가 놀러 올 수도 있는데 이 상태로는 안 되겠다'라는 위기감 때문에 깨끗한 방을 유지하려고 노력했습니다. 하지만 지금 생각해보면 표면적인 정돈에 불과했다는 생각이 듭니다.

결혼 후 처음 살게 된 곳은 방 3개, 다이닝과 키친이 있는 50제곱미터의 사택이었습니다. 저희 부부는 둘 다 취미용품 모으는 것을 좋아해서 물건의 양은 보통 사람들 이상. 이때는 아직 물건을 정리하는 습관이 없었기 때문에 물건은 점점 늘어났습니다. 그래도 둘만 살았기 때문에 수납할 곳이 모자라서 곤란했던 적은 없습니다. 물론 여전히 수납장 속은 너저분했지만 '문을 닫으면 안 보이니까 괜찮아'라는 느낌이었어요.

당시는 직장을 다니면서 요리, 세탁, 청소와 집안일을 도맡아 했기 때문에 수납 문제까지 해결할 여력이 없었습니다. 저희 엄마가 새벽까지 일하시고도 집안일은 물론 농사일까지 해내는 삶을 살았기 때문에 저도 모르게 '집안일은 내가 해야 해'라고 자신을 몰아넣었던 것 같습니다.

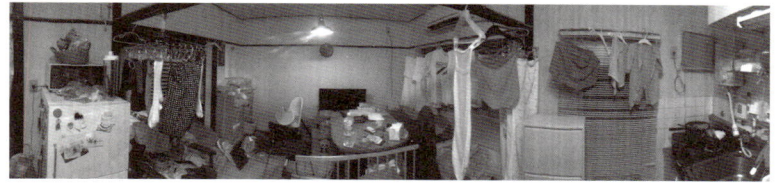

첫째 아이 출산 후

어린이집 등원 준비를 하는데 옷을 못 찾겠다…!

결혼 2년 후에 첫째를 출산. 완벽한 아내와 어머니상을 목표로 집안일과 육아에 몰두했습니다. 서툰 정리정돈도 '제대로 해야 하는데'라고 생각은 하지만 잘 되지 않았습니다. 그런 모습을 보고 있던 남편이 집안일과 자신은 괜찮으니까 아이만 생각하라고 말해주었습니다. 혼자서 껴안고 있던 집안일과 육아를 남편과 분담하면서 '정리정돈을 못해도 아내와 엄마로서 자격이 없는 건 아니야'라는 생각이 들어 마음은 많이 편해졌어요.

그 후 회사 근처의 아파트로 이사, 복직. 아이를 어린이집에 맡기고 출근하는 나날이 시작되자 수납 문제가 현실화됩니다. 예를 들면, 아침에 등원 준비를 할 때 아이에게 입힐 옷을 찾지 못해서 세탁물의 산에서 옷을 끄집어내야 하는 상황. 같은 서랍에 어린이집용과 휴일용 옷이 뒤섞여 있어서 옷을 찾는 것이 힘들었습니다. '왠지 하기 힘들다'고 느끼면서도 문제점과 해결책을 알지 못한 채 같은 일을 반복하고 있었습니다. 그러던 중, 둘째 아이를 출산합니다.

둘째, 셋째 아이 출산 후 ~ 현재

수납이 갖추어지면 생활이 편해진다는 것을 실감

둘째를 출산한 후에도 집은 지저분했지만 육아에 여유가 생겼습니다. 그리고 계속 고민해왔던 '정돈하지 못하는 문제'를 어떻게든 해결하고 싶다는 생각을 했어요. 그래서 정리정돈 전문가와 상담, 물건의 양을 3분의 2로 줄였더니 유통기한이 지나서 버리거나 중복쇼핑을 하는 일이 없어졌습니다. 관리하는 물건이 너무 많았다는 것을 절실히 느끼고 '여분의 물건을 소유하지 않도록 하자'고 남편과 결의. 등원 준비할 때마다 시간이 걸렸던 큰딸의 옷도 용도에 따라 분류하고 동선을 생각한 장소에 두니까 바로 찾을 수 있게 되었습니다.

두 번째 복직 후에는 '수납시스템이 정돈되면 이렇게 편리하구나'라고 놀라는 매일이 계속되었습니다. 셋째 아이를 출산한 다음 달에 현재의 집으로 이사. 수납시스템이 갖춰져 있었기 때문에 새로운 생활을 바로 시작할 수 있었습니다. 이것은 첫째를 출산했을 때와 비교하면 큰 진화였습니다.

아이들의 성장과 함께 소유물은 계속 바뀔 것입니다. 앞으로도 물건을 정리하고 수납을 유연하게 변화시키면서 우리 가족이 생활하기 편한 집을 만들어가고 싶습니다.

마치며

'이것만 있으면 드디어 정리정돈이 잘될 거야!'라고 기대를 담아 고르고 구입했던 수납용품이 반대로 정돈하지 못하는 원인이 될 수도 있다….

수납용품 개발에 종사할 때는 생각도 하지 못했던 것을 정리수납 어드바이저가 된 후에 깨달았습니다.

예전의 제가 그랬던 것처럼 정돈을 못해서 고민인 사람들은 SNS나 잡지의 정리달인이 소개하는 수납용품이나 수납법을 의심하지 않고 따라 합니다. 그렇기 때문에 제가 정돈에 대해 발언할 때는 "왜, 어떻게"라는 근거를 비주얼로 알아보기 쉽게 전달하고 수긍이 될 수 있도록 설명해야겠다고 결심했습니다.

물건 정보는 지나칠 정도로 자세하게 알고 있으면서도 정돈 못했던 과거의 저, 그런 언밸런스한 경험이 있기 때문에 여러분께 도움을 드릴 수 있지 않을까. 사명감에 이끌려 인스타그램과 블로그에 소개한 것들이 천천히 반향을 얻었고, 이 책의 출판으로 이어졌습니다. 늘 제 글을 읽어주시는 여러분 덕분입니다.

Epilogue

저희 회사 이름인 〈물건과 가족〉에는 이런 의미가 있습니다. 가족 한 사람 한 사람의 마음을 소중하게 생각하면서, 우선은 자기 주변에 있는 물건을 정돈하는 데 도움을 주고 싶다. 그리고 생활을 풍성하게 만들어주는 물건과 조금이라도 많이 만날 수 있도록 안내하고 싶다. 그런 마음으로 소중한 직장이었던 무인양품을 그만두고 개업할 때 결심했던 것들이 이제 조금씩 실현되고 있습니다.

이 책을 읽어주신 여러분, 감사합니다. '아, 그렇구나~!' 하고 느낄 수 있는 것이 있다면 바로바로 생활에 도입해주세요. 여러분의 매일이 조금이라도 편해지고 긍정적인 에너지가 생기셨다면 그것만큼 기쁜 일은 없을 것입니다.

끝으로 이번 출판을 도와주신 모든 여러분, 그리고 언제나 저를 지탱해주는 남편과 세 아이에게 감사의 마음을 담아 보냅니다. 감사합니다.

〈물건과 가족〉 미즈타니 타에코

MIZUTANI TAEKO NO KATAZUKU IE -YOKEI NA KOTOHA NANI HITOTSU
SHITEIMASEN. by Taeko Mizutani
Copyright © Taeko Mizutani, 2020
All rights reserved.
Original Japanese edition published by SHUFU TO SEIKATSU SHA CO., LTD

Korean translation copyright © 2021 by WILLCOMPANY
This Korean edition published by arrangement with SHUFU TO SEIKATSU SHA
CO., LTD, Tokyo, through HonnoKizuna, Inc., Tokyo, and Botong Agency

이 책의 한국어판 저작권은 Botong Agency를 통해 저작권자와 독점 계약한 월컴퍼니가 소유합니다.
저작권법에 의하여 한국 내에서 보호를 받는 저작물이므로 무단전재와 무단복제를 금합니다.

불필요한 것은 아무것도 하지 않습니다
저절로 정리가 되는 〈하지 않는 수납법〉

펴낸날 | 2021년 3월 9일
지은이 | 미즈타니 타에코
옮긴이 | 김수정
펴낸곳 | 윌스타일
펴낸이 | 김화수
출판등록 | 제2019-000052호
전화 | 02-725-9597
팩스 | 02-725-0312
이메일 | willcompanybook@naver.com
ISBN | 979-11-85676-65-4   13590

* 잘못된 책은 구입하신 곳에서 바꿔드립니다.